MA VIE À LA CRIM'

PATRICK RIOU
en collaboration avec Dominique Cellura

MA VIE À LA CRIM'

Éditions Jacob-Duvernet

Sommaire

- I -

COMMENT ARRIVER À LA CRIM' SANS RIEN DEMANDER À PERSONNE

La tête est posée sur un bol et c'est celle d'une femme. Un cigare a été fiché entre ses dents. Difficile de donner un âge à la défunte, d'autant qu'un sourire lui a été dessiné au rasoir d'une oreille jusqu'à l'autre. Pas la peine d'être à la Crim' depuis des lustres – et c'est mon cas – pour comprendre qu'il s'agit-là d'un crime commis par quelque malade mental. Je vous l'ai dit, je suis nouveau au sein de cette brigade ; alors, j'assiste aux opérations plus que je n'y prends part. Je suis trop frais émoulu pour oser intervenir et il se trouve que je suis d'un naturel réservé, voire timide : je crois d'ailleurs que c'est un peu pour ça que je suis devenu flic. Il y a à peine plus d'une heure, j'étais chez moi, avenue de Paris, à Vincennes, au lit avec ma femme. Et puis le téléphone a sonné. C'est la scène que l'on vous a servie des centaines de fois au ciné et à la télé, elle vous est familière, je ne vais donc pas vous la narrer par le menu. En revanche, je peux vous dire qu'au moment précis où je franchis le seuil de cet appartement bourgeois et vieillot du XVe arrondissement de Paris, un rien solennel, trop silencieux et pas suffisamment éclairé, où s'accumulent meubles anciens, bibelots, tentures et tapis, je ne sais pas si je suis aux prises avec un cauchemar ou évoluant dans le cadre des nouvelles fonctions qui sont les miennes. Cela va donc être ça mon quotidien à la Crim' ? Aller renifler la mort à l'autre bout de la capitale quelle que soit l'heure du jour ou de la nuit, été comme hiver ? Sûr qu'il doit falloir une période d'adaptation quand on débarque comme moi de la 9e BT sise à Créteil. Autant dire d'une autre planète. Les collègues que j'accompagne, je suis certain que tout cela les remue ; mais ils font comme si de rien n'était. Pas le moindre commentaire. De toute façon, parler pour ne rien dire, ce n'est pas leur genre. Que ce soit pendant ou après. Après ? Après, on rentrera chez nous. On va s'efforcer de laisser tout ça sur le paillasson, ce n'est pas forcément le plus simple. Puis on regagnera le 36, sans doute avant les premières lueurs du jour parce que nous sommes en décembre… Avec un peu de chance, on aura pris deux heures de sommeil, une douche et un café. En attendant, je les suis d'une pièce à l'autre mes collègues de la Crim'. Ils sont l'élite, l'aristocratie de la police – ou plutôt de « la Maison », puisque c'est ainsi qu'on l'appelle entre nous – et j'ai l'heur d'en faire partie avant même d'avoir soufflé les bougies de mon trentième anniversaire. Cette odeur si particulière, celle de la mort, c'est la première fois qu'il m'est donné de la respirer. Elle flotte dans tout l'appartement. Je fais semblant de l'ignorer. Elle est un peu âcre, doucereuse et entêtante ; au moment où je la découvre, je pressens que je ne l'oublierai jamais. Qu'elle va imprégner mes vêtements et mon cerveau. Au moins, pour mon costume et mon pardessus, il y a le pressing pas très loin de la maison. Mais pour le cerveau, qu'est-ce qu'il faut faire ? Nous sommes en 1975 et la Grande Maison n'abrite pas encore de psy pour recueillir les états d'âme de ceux qui souhaiteraient les partager – les premiers n'apparaîtront que bien des années plus tard, et les flics redouteront toujours d'aller les consulter de peur de devenir la risée de leur collègues. Pour ma part, je n'en rencontrerai d'ailleurs jamais…

Mon premier mort est donc une morte. Sa tête a été retrouvée dans la pièce principale ; inutile d'aller chercher le buste bien loin : il est dans la pièce d'à-côté. Ouvert de part en part. Il y a des intestins jusque dans le vestibule. Je suis sonné. J'espère que ceux qui m'entourent n'ont rien remarqué. Non, je ne crois pas… Les gestes des uns et des autres sont mesurés, précis, chacun sait ce qu'il a à faire et le fait bien. Il y a le Chef de service, le Chef de section – quand il ne peut se rendre sur les lieux d'un crime, son adjoint est toujours là pour le remplacer –, il y a aussi le Chef de groupe et le procédurier. Je me sens lointain. Pas détaché mais lointain. Tout cela relève quand même de l'hallucination. Quand j'ai été appelé, je dormais. C'est l'une de mes premières permanences et je ne suis toujours pas certain d'être en prise avec la réalité. Les propos de l'état-major ont été sibyllins comme ils le sont toujours en pareilles circonstances. Le pourquoi et le comment, ce n'est pas leur affaire. C'est la vôtre. Alors, au moment où vous vous levez, au moment où vous vous habillez, au moment où vous vous rendez sur place, vous savez que vous ne vous rendez pas n'importe où : vous avez rendez-vous avec un mort. Ou une morte. Cela a toujours quelque chose d'émouvant et vous vous préparez déjà au pire car, vous le savez également, son trépas aura été consécutif à un acte violent. Cependant, même en faisant un gros effort, vous ne pouvez pas imaginer que dans quelques instants vous allez vous trouver face à une tête de femme posée sur un bol. Et je peux vous l'assurer, ça secoue sérieusement…

Dans l'immédiat, je ne pense plus qu'à une chose : je ne dois pas montrer que je suis perturbé, que je ne suis plus pleinement en possession de mes moyens. Maigret enquête seul, nez au vent, il compte sur son intuition ; le commissaire Moulin court dans tous les sens un pistolet à la main ; Depardieu et Auteuil font montre d'une violence hors de propos et ils sont perpétuellement dans l'improvisation…

Chacun de ces personnages est aux antipodes de la réalité. Normal, ils sont au service de la fiction, ils ont pour mission de vous divertir et rien d'autre. Rien à voir, donc, avec les flics de la Crim'. Les vrais. Eux, ils travaillent dans la discrétion la plus absolue – je fais abstraction de ces cas de figure où, pour une raison ou pour une autre, pas forcément avouable – le plus souvent pour « vendre » une réalité que personne ne veut acheter – les politiques décident de les placer sous les feux de l'actualité. Une enquête de la Crim' est toujours méthodique, rigoureuse, presque scientifique. Le flic de la Crim' est discret, discipliné, il travaille en groupe. Il est loyal et républicain. Je sais, la réalité est moins spectaculaire que la fiction. Elle est cependant beaucoup plus belle. Quel est l'itinéraire qui vous conduit devant une tête posée sur un bol, dans le XVe arrondissement de Paris, un peu après deux heures du matin au milieu des années soixante-dix ? Il faut avoir fait des études pour ça ? Ne comptez pas sur moi pour vous dire qu'être flic a toujours été pour moi une vocation…

J'éprouve une forme de méfiance envers ceux qui prétendent avoir voulu depuis leur plus jeune âge exercer un métier qui vous révèle en permanence ce que l'âme humaine a de plus sombre. Comment, d'ailleurs, ne pas douter des intentions revendiquées par les « chevaliers blancs », que ce soit dans la police ou ailleurs ? Voilà comment les choses se sont passées pour ce qui me concerne, elles relèvent pour partie du hasard le plus pur et de la nature du jeune homme que j'étais alors. Après avoir obtenu un baccalauréat en 1965, j'étais pion trois ans plus tard au lycée Hector Berlioz de Vincennes – tout simplement parce qu'il fallait que je paie mes études… Je dois l'admettre, être surveillant en 1968 dans un lycée de la région parisienne s'est révélé formateur pour ce qui relève de l'autorité et de la pédagogie. Les pions de l'époque, jugés superflus depuis, prodiguaient aide et conseils aux lycéens pendant les « permanences ». Pour ma part, travaillant mes cours de droit en salle des profs durant mes heures libres, je prenais un plaisir et un intérêt réels à échanger avec eux. J'ai conclu mes études par une maîtrise de droit privé à Assas, assistant alors à des affrontements d'une incroyable violence entre les « faf » du G.U.D – le Groupe d'union défense, organisation étudiante d'extrême droite – et les « Maos » venus de la Sorbonne. En 1968, donc, je ne savais pas encore si j'allais dans l'avenir me ranger du côté de ceux qui lancent des pavés ou rejoindre les rangs de ceux qui les reçoivent. Je faisais des études de Droit à Assas et, en attendant d'avoir choisi le côté de la barricade qui serait le mien, je manifestais dans les rues de Paris avec le flot tumultueux des étudiants, mes semblables d'alors, ce qui me valut rue Gay-Lussac de recevoir quelques coups de matraque dont un particulièrement douloureux sur les tibias, me donnant ainsi un avant-goût de ce que l'on appelle communément les « violences policières ». Puis j'ai laissé en plan un Doctorat en sciences criminelles entamé a la faculté de droit du Panthéon pour passer deux concours : celui de la Magistrature et celui de Commissaire de police. Les deux dont on m'ait alors parlé... Il fallait bien que je songe à gagner un jour ma vie et le droit était ma vocation : j'ai toujours aimé son côté à la fois rigoureux et évolutif. Le succès remporté au second a mis un terme à ce qu'il convient d'appeler une période d'ambivalence, et je ne suis pas allé passer l'oral de l'école de la magistrature. Étant d'une nature plutôt réservée comme je l'ai déjà confié, ce métier, pensais-je, allait me permettre d'acquérir l'autorité que je recherchais. Cependant, j'en conviens : ma vie professionnelle aurait pu s'orienter dans une autre direction sans que mon amour-propre s'en trouvât pour autant meurtri. Au terme d'un an passé sous les drapeaux, à Fontainebleau pour être précis – j'étais marié et père d'un garçon, je ne souhaitais pas me trouver trop loin de Paris et je m'étais fait odieusement pistonner à cet effet –, je suis parti à Saint-Cyr au Mont d'Or, dans les environs de Lyon, à l'École nationale des commissaires de police. Mon année à Fontainebleau m'a permis de m'initier aux secrets du pas cadencé puis de découvrir les richesses de l'activité de chauffeur, étant affecté au service d'un général dont, secret militaire oblige, je tairai l'activité débordante.

L'École des commissaires de Saint-Cyr-au-Mont d'Or étant la seule sur le territoire, je n'avais donc pas trop le choix, je me suis éloigné de la capitale. Durant cette année de formation se sont succédé sans discontinuer ou presque des cours de droit et de culture générale. Des conférenciers hebdomadaires de l'envergure de Pierre Truche, futur Procureur général près de la Cour de cassation, venaient nous dispenser leur savoir. J'ai eu, en outre, l'occasion de nouer des liens indéfectibles avec les jeunes gens de ma promotion et, pour la première fois de ma vie, je discutais avec des flics : une bonne partie de la 24e promotion était composée d'inspecteurs ayant réussi le concours interne. Au fil du temps, nous assistions cependant de moins en moins aux cours puisque nous jouions de plus en plus au tarot sur le toit du bâtiment. Quarante ans sont passés, nous sommes un peu moins jeunes mais toujours gaillards, et il ne s'écoule pas une année sans que ces collègues et moi n'allions festoyer dans quelque établissement connu de nous. Puis est venu le moment où je me suis retrouvé commissaire stagiaire, dans le IVe arrondissement de Paris : formation sur le terrain, obligatoire pour tous. Là, entre mes activités liées à la police judiciaire et d'autres dévolues aux RG, j'ai été affecté, pendant un moment, à la Sécurité publique, où j'ai découvert l'autre côté de la manif, à savoir ce qu'il en est lorsque l'on doit mener la charge contre une foule en colère. Oui, c'est là sur le bitume, dans les rues de Paris, que j'ai connu la peur, la vraie, celle qui glace et vous laisse penser que vos jambes vont vous abandonner d'un instant à l'autre. Oui, j'ai été mort de trouille… Bien plus que jamais à la P.J. Pas une fois comme ça en passant, non : chaque manifestation virant à l'affrontement était pour moi porteuse d'effroi. Parmi les tenants de l'ordre, je pense ne pas avoir été le seul à appréhender le pire. Mais cela ne me gêne pas d'être l'un des rares à en parler. Et si je garde en mémoire le bruit d'une matraque qui vient percuter un crâne, j'ai aussi le souvenir du son que fait un pavé lorsqu'il s'abat après vous être passé à quelques centimètres du visage. Avec le recul pris sur ce que je considère encore aujourd'hui comme de véritables épreuves, je reste impressionné par le sang-froid et la maîtrise des forces de l'ordre. Et il convient de constater que les bavures ont été peu nombreuses…

Nous avons la chance d'avoir, j'en suis convaincu, la meilleure police de maintien de l'ordre du monde.

C'est à cette époque encore que je découvre la vie dans les commissariats ; déjà, ils sont plombés par le manque de moyens – cela m'apparaît comme une évidence. Je me hasarde dans le Paris des ruelles sombres, Paris nocturne des bons et des mauvais coups, des filles qui n'ont de joie que l'appellation, des beaux mecs et des Julots-casse-croûte : tout un monde qui n'a jamais nourri mon imaginaire, pour lequel je n'éprouve pas de compassion particulière tant il est confit dans le vice et l'avidité. Au terme de ce stage, de cette immersion dans le quotidien de la Cité, je regagne Saint-Cyr au Mont-d'Or. Chaque stagiaire choisit alors son affectation en fonction du classement qui est le sien et, bien évidemment, c'est Paris qui a mes faveurs. Je décroche la 9e BT, un service de la Police judiciaire implanté dans le Val-de-Marne, à Créteil. Mais il n'y a pas vraiment de quoi se réjouir. Je suis en charge du secteur Ivry-Vitry-Gentilly : comme dans toutes les administrations, on confie aux plus jeunes les postes les plus difficiles. Et la violence dans les cités y est d'ores et déjà d'actualité, bien au-delà de ce que je pouvais imaginer. Ce secteur, c'est un peu l'école du grand banditisme. Tous les voyous que je serai appelé à pourchasser durant ma carrière y font déjà leurs gammes. Ce sont encore des ados, de grands ados, mais à l'évidence ils présentent des dispositions pour exceller dans la voie qu'ils ont choisie : celle du crime. Horn, Cheval, Lepage et Lepape, qui devaient avoir alors moins de trente ans, vont devenir de vrais caïds en très peu de temps et former le noyau du « Gang de la banlieue sud ». Des gens extrêmement dangereux si l'on fait le bilan de leurs états de service. Rapide survol de la situation à mon arrivée… Les locaux : des préfabriqués innommables, pourris. Les flics : idem. Des gens efficaces, certes, mais violents et corrompus pour la plupart. J'ai un peu l'impression d'être en visite chez des extraterrestres. Je reste ahuri devant les procédés dont je suis témoin – ce sont-là, vais-je cependant apprendre, des « méthodes courantes » : extorsions d'aveux, passages à tabac, vols durant les perquisitions, procédures mensongères…

Les flics se considèrent alors comme des éboueurs de la société et ils ont la mentalité qui va avec cette approche du métier : ils ne perdent pas de temps en fioritures. Pour l'essentiel, les dossiers traités relèvent de cambriolages et autres « saucissonnages », ainsi que de vols à main armée. Les identifications se font pour la plupart grâce à des informateurs aussi riches en couleurs que Huggy les bons tuyaux, à ce détail près qu'ils sont le plus souvent infâmes et n'hésitent pas à provoquer eux-mêmes les affaires…

Pour rémunération de leur peine, une procédure les impliquant pouvait échouer à la corbeille sans que quiconque y trouvât à redire. Les policiers, quant à eux, se dédommageaient de leurs heures supplémentaires en se « payant sur la bête » lors des perquisitions.

Le détenu était souvent frappé, toujours violenté, et il ne serait venu à l'idée d'aucun d'entre eux de déposer plainte pour autant. Ces pratiques n'échappaient à personne ; cependant, la hiérarchie couvrait, l'I.G.S regardait ailleurs et les magistrats se taisaient, comme tout le monde, pour préserver un équilibre et une paix sociale précaires.

Les procédures étaient donc squelettiques et, malgré tout cela, l'ensemble se révélait terriblement efficace. Au final, tous les flics connaissaient tous les voyous et réciproquement…

Quand je découvre tout cela, je suis atterré. Que faire ? Je vais me faire bouffer si je bouge une oreille. Je décide cependant de monter au feu, d'entamer ma propre opération « mains propres ».

– Fais-pas ça, me dit-on. Tu ne peux pas dénoncer ça tout seul. T'as pas les reins, tu es trop jeune, tu vas te faire broyer…

L'auteur de ces propos était Christian Nauté, l'un des rares honnêtes hommes d'alors, qui a fait mon compagnonnage avant de devenir commissaire de police. Alors, je reste là, découragé. J'assiste à une tragédie qui me dépasse totalement. Je ne suis pas plus vertueux qu'un autre mais je n'ai jamais pu supporter la violence et le mensonge. Alors, je déprime. J'en viens à douter de mon orientation professionnelle. C'est donc ça la police ?

Je n'ai rien fait de spécial, rien fait d'extraordinaire – enfin, je ne crois pas. J'ai juste choisi de ne pas devenir un pourri moi aussi. Affaire d'inclination personnelle me direz-vous. Toujours est-il qu'un beau matin, cela fait un an que je suis à Créteil, je reçois un coup de fil du 36. Le patron de la Crim', à cette époque, c'est Pierre Ottavioli. Pour les flics, « Otta », c'est un peu Dieu sur la Terre. Toujours impeccable dans son costume sombre, chemise blanche et cravate nouée même au plus fort de la canicule, belle gueule, chevelure argentée, de la prestance, s'exprimant dans un français on ne peut plus châtié. Il ne viendrait à personne l'idée de remettre en question la moindre de ses assertions, et encore moins de lever un sourcil lorsqu'il donne un ordre. Donc, Ottavioli veut me voir. Oui, moi. Pour être franc, je n'en reviens pas. Que peut-il bien me vouloir, engoncé que je suis dans la fange du Val-de-Marne ? De toute façon, je ne vais pas tarder à l'apprendre. Le commissaire Pierre Ottavioli me convoque et me voilà dans le métro rasé de frais et fringué comme un premier communiant. Quand j'arrive face au bâtiment et sa tour, je marque un temps d'arrêt – me voilà devant le saint des saints. Encore un coup d'œil sur la Seine, puis je lui tourne le dos pour traverser la cour à grands pas impatients, et j'emprunte pour finir le grand escalier. La Crim' est au troisième. À quelques années lumière de Créteil. J'ai quand même un truc qui pèse au fond de mon estomac. Dieu convoque rarement les mortels qui ne lui ont pas été présentés surtout s'il s'avère qu'ils sont obscurs, ce qui est mon cas. Il faudra l'appeler « Monsieur ». « Patron », ce sera pour plus tard, si je viens à bosser avec lui – enfin, je veux dire pour lui. « Patron », c'est un terme dédié aux chefs que l'on respecte ; c'est aussi une forme d'allégeance. Il faudra aussi que je reste debout lorsque je m'adresserai à lui. C'est comme cela que ça se passe. On est debout quand on s'adresse au Chef, jamais assis. J'ai l'impression qu'il y a des milliers d'yeux qui se posent sur moi. Je ne les entends pas, mais je suis sûr que les gars se demandent « Hé, tu sais qui c'est celui qu'a rendez-vous avec le Patron ? ». Ben non. Qui pourrait bien le savoir ? Aucun parmi ces seigneurs de l'investigation ne s'est hasardé jusqu'à mon bureau en préfabriqué du Val-de-Marne. Que serait-il d'ailleurs venu y faire ? Vient le moment où l'on me fait pénétrer dans celui de Pierre Ottavioli. Rien à voir. Je vais m'enfoncer dans la moquette tellement elle est profonde. Des fauteuils profonds eux aussi, et puis des meubles Art déco…

Apparaît l'icône du 36. Pierre Ottavioli tel qu'en lui-même : souriant, cordial, mais vous faisant comprendre d'emblée par son maintien et son phrasé que vous n'appartenez pas aux mêmes sphères. Quelques mots de bienvenue, il m'annonce que j'ai été coopté – par qui, il se garde bien de me le faire savoir – et m'indique que je suis appelé à rejoindre son service dans un futur proche. Sitôt adoubé, me voilà salué puis relâché dans la nature.

La Crim'. Je crois que je vais exulter avant d'avoir regagné le rez-de-chaussée. Je suis beaucoup plus léger qu'en arrivant. J'exulte – je suis au bord de l'implosion. La joie. Fulgurante. Ottavioli m'est apparu en *Deus ex machina*, il m'a sorti de mon ornière nauséabonde d'un claquement des doigts, et je suis en train de chevaucher un nuage. La Crim'. Le rêve de tout policier. Je n'en reviens pas. Je renais. Je reviens à la vie. Je n'ai pas encore trente ans.

- II -

De la Crim', son fonctionnement et ses étrangetés

La Crim', je vais lui consacrer trois mille huit cent quatre-vingt-dix journées de ma vie et, d'une certaine façon, à peu près autant de nuits. Je suis resté debout, les mains croisées dans le dos, alors qu'Ottavioli s'adressait à moi ; j'étais aussi impressionné par le bonhomme que par le décorum : le bureau d'Otta – le bureau de Maigret – c'était, et c'est toujours, pour des gens comme moi, une sorte de monument historique. Ce qui ne pouvait pas m'effleurer l'esprit à ce moment-là, c'est que j'allais l'occuper à mon tour ce bureau. Entre le jour de mon premier passage et celui où j'allais m'y installer, il s'est écoulé quelques années durant lesquelles sont survenues des modifications profondes de ma personnalité ; ma conscience, elle, s'est mise à fonctionner sur un mode qui ne m'était pas jusqu'alors familier : au final, à côtoyer les morts par centaines, je peux dire que j'ai appris la vie – ou, tout au moins, à l'appréhender différemment. Et moi qui ne connaissais rien à la façon dont il convient de mener une enquête criminelle, j'ai retroussé mes manches et j'ai embrassé le métier…

En sortant de l'appartement du quinzième où quelqu'un avait décapité une femme d'âge mûr avant de l'éviscérer – à moins que ce ne fût l'inverse, la chronologie des événements m'échappe au moment où j'écris –, je m'étais dit « c'en est trop pour une seule nuit ». Je suis rentré, j'ai dormi deux heures. Je me suis relevé avec des images épouvantables qui se bousculaient dans ma tête, un goût d'immondice dans la bouche, et je suis retourné au 36. En arrivant là-bas, j'ai été pris de vertige ; j'étais sidéré, encore sous le coup de la stupeur. Je faisais cependant en sorte de ne pas même avoir l'air étonné – qu'auraient pensé les anciens ? Les flics avaient tous une conviction que je partageais : le crime était imputable à un psychotique – un proche à l'évidence, il n'y avait pas eu d'effraction – et l'enquête pas plus que l'arrestation n'allait poser de problème particulier. Néanmoins, une question majeure continuait de me tarauder l'esprit : malade ou pas, comment un être humain peut-il commettre un acte semblable ? C'est une question que l'on se pose lorsqu'on est encore très jeune dans le métier. Plus tard, on y renonce puisqu'elle n'appelle aucune réponse…

Me voilà dans un bureau aveugle, le plus petit que l'on ait trouvé sans doute, le plus vétuste aussi, et certainement le moins bien aéré du troisième. Je suis relié au reste du monde par un téléphone, c'est presque un privilège. Quant à ma machine à écrire, une vieille Japy, cela fait longtemps que nul n'a dû entendre son staccato tant le mécanisme en est usé. Les chefs inspecteurs divisionnaires me transmettent les lois non écrites qui régissent la Maison, et il ne m'échappe pas qu'ils ont l'oreille du Chef comme personne au sein de cette Brigade. J'intègre. J'apprends. J'enregistre. J'assimile les codes et les usages, les us et les coutumes. Ces inspecteurs les plus anciens sont madrés, roublards, ils n'ignorent rien de la nature humaine et des ficelles de ce métier. Ils gèrent les permanences, les congés, le parc automobile, les radios – et ils racontent tout au Chef. Ils sont incontournables. Ils sont plus influents que moi. Ils le savent. Le Chef aussi. Et il en joue, évidemment : ça aussi, ça fait partie du boulot…

Je fais la connaissance des autres commissaires. À l'époque, c'est une sorte de « *dream team* » qui est en place. Il y a Claude Cancès, un ancien inspecteur qui deviendra patron de la Police judiciaire ; il sera mon directeur – il a été et restera, toujours, un ami. Il m'a appris le bon sens, l'indépendance d'esprit, et aussi, surtout, le sens de l'honneur et de la parole donnée. C'est lui qui a forgé ma morale. Il y a André Bizeul, son intelligence est fulgurante, il est imprévisible, un peu ramier, un peu fantasque – on s'entend bien. Ange Mancini n'est pas Corse comme son patronyme pourrait le laisser supposer. Sa personnalité me bluffe déjà. Voilà un homme qui s'est façonné lui-même, à force de travail et de volonté : inspecteur à la 2e BT, commissaire à la Crim', il sera l'un des fondateurs du RAID – à la tête duquel, d'ailleurs, il ira arrêter Rouillan à Vitry au Loges, les deux bras dans le plâtre, après une chute à ski ! Grande gueule, son courage physique n'était pourtant rien comparé à sa liberté de penser et sa faculté de dire les choses sans embages. On le retrouvera ensuite directeur central adjoint de la PJ, préfet de région, et, assez récemment, il se verra nommé Coordinateur national du renseignement à l'Élysée (CNR). C'est, selon moi, un bel exemple de réussite républicaine. Je me remémore aussi une autre forte personnalité, celle de Michel Auguste, un ancien de l'Indo, issu de la base, devenu un « vieux sage » dont la sûreté du jugement n'était jamais remise en cause : elle avait le don de nous apaiser. Voilà, c'est au milieu de ces gens-là que je devais arriver à exister. Et à m'imposer. Ce n'était pas gagné d'avance. Mais déjà un formidable défi...

Les chefs de groupe que nous sommes censés commander mes collègues et moi sont des « vieux de la vieille » ; entendez par-là qu'ils ont un peu plus de quarante ans. Ils sont malins comme des singes, ils savent tout faire, ils ont la connaissance du métier et celle des hommes : c'est ce que d'aucuns appellent l'expérience. Ils n'ont pas l'intention de s'en laisser montrer par de jeunes blancs-becs, fussent-ils commissaires, et encore moins de voir leurs prérogatives entamées. Presque tous ont un profil d'une qualité exceptionnelle ; plusieurs parmi eux deviendront d'ailleurs commissaires : je pense à Guy Bernard, Jean Laffargue, Bernard Pasqualini, Jean-Claude Hildebandt et à beaucoup d'autres encore. Il faut avoir travaillé avec des fonctionnaires de cette trempe – alors « simples officiers », avec tout ce que cette appellation peut revêtir de noblesse dans mon esprit – pour apprécier leur savoir-faire, leur épaisseur humaine, leur sens des responsabilités et du bien public... Des vertus que je ne rencontrerai pas forcément chez les « crânes d'œuf » que je vais côtoyer par la suite : souvent, ces derniers ne leur arriveront pas à la cheville.

Commander n'est rien ; l'important est d'être obéi. Vous ne le serez pas parce que vous êtes le chef mais parce que vous serez reconnu comme tel – ce qui n'a rien à voir. Pour être reconnu comme tel, il faut au préalable avoir montré que l'on sait faire ce qui est demandé à autrui. Et surtout, avoir convaincu autrui du bien fondé de votre choix ou de votre décision : je suis convaincu aujourd'hui que le rôle le plus noble est le commandement bien compris et bien accepté. Dans le cas contraire, une mauvaise volonté phénoménale conjuguée à une inertie qui ne le sera pas moins aura pour effet de rendre vos ordres stériles. Il me faut donc parfois apprendre à faire le dos rond, et redécouvrir les bienfaits de l'humilité :

une petite piqûre de rappel ne saurait nuire, j'en conviens. Jour après jour, je découvre une forme de compagnonnage qui m'était étrangère. Elle me convient, j'en comprends le bien-fondé. De nombreux jeunes commissaires ont été trop longs à comprendre : ils ont vite été remerciés et orientés vers des services plus « contemplatifs ».

Peu de moyens sont mis à notre disposition : j'en veux pour preuve le fait que l'on ne dispose alors d'une voiture que les jours de permanence. Quant à l'informatique, elle en est à ses balbutiements. Les bips agrafés à la ceinture font leur apparition, le téléphone portable est encore dans les limbes et, à chaque fois que l'on se déplace, à titre professionnel ou privé, il faut laisser un numéro de téléphone afin de rester « joignable ». En d'autres termes, cela signifie que vous n'avez plus de vie privée. Rien n'est secret, jamais ; ou, en tout cas, appelé à le rester *ad vitam aeternam*, que ce soit dans la police ou ailleurs. Comme les indiscrétions sont inévitables, les habitudes plus ou moins avouables de chacun sont vite connues et deviennent l'objet de plaisanteries souvent déplaisantes aux yeux des intéressés ; toujours source de franche rigolade, cependant, pour ceux qui les profèrent. Le fait de côtoyer les trépassés rend le rire encore plus nécessaire. On a beau se trimballer dans des costumes qu'adorerait un croque-mort, être en possession d'une arme de service – un pistolet Herstal pour ma part –, il y a du collégien qui sommeille en nous et ne demande qu'à s'extraire du carcan dans lequel on s'est appliqué à le contraindre au fil des ans. Franchement, le café du matin n'aurait pas la même saveur sans les sous-entendus à deux balles que l'on échange avec les collègues. Comme partout dans le monde occidental, notre groupe a pour habitude de se réunir autour de l'arbre à palabre qu'est la machine à café, judicieusement disposée à proximité du bureau du Chef, en son secrétariat. C'est là, en fait, que tout se dit et que tout se décide vraiment – peut-être parce que le climat y est plus convivial que lors de la « grand-messe » du lundi matin ou à l'occasion des réunions de coordination. Se rejoignent dans les effluves d'un arabica médiocre les commissaires, les chefs de groupe, les chefs inspecteurs divisionnaires... Les événements de la nuit sont évoqués à l'instar des projets de la journée. Il est question des promotions à venir, de celles qui seront accordées et de celles qui ne le seront pas, et, en général, les rumeurs vont bon train. Après avoir sacrifié à ce rituel, l'on peut vraiment commencer à travailler...

La Crim' est très hiérarchisée, selon un modèle quasi militaire. C'est une pyramide qui recense dix groupes de droit commun – ils sont constitués de six policiers chacun – et une section antiterroriste comptant trois groupes d'enquête. Chaque section a un commissaire pour chef. Chaque enquêteur rend compte à l'échelon immédiatement supérieur – qu'il ne s'avise pas d'en sauter un, ce serait extrêmement mal vécu. Un chef et son adjoint chapeautent l'édifice.

À l'intérieur des groupes, le maître mot est encore la hiérarchie. Le sixième du groupe, le dernier arrivé ou le plus jeune, quand ce n'est pas le même, est considéré comme le plus compétent dès lors qu'il s'agit d'aller chercher un café, des sandwiches, ou encore de laver une voiture. Le chef de groupe, lui, est le responsable de l'enquête. C'est un homme d'expérience, respecté de tous. Il en a tellement conscience qu'il n'estime pas nécessaire de se lever de son fauteuil quand il donne des instructions.

Un procédurier est affecté à chaque groupe – il ne dépend pas pour autant du chef de celui-ci, son statut est quelque peu « à part » ; donc, il en use et il en abuse, souvent avec un air un peu condescendant. Très important le rôle du procédurier… C'est un officier expérimenté qui est chargé de rédiger les procédures en veillant à ce qu'elles n'offrent pas la moindre faille au plan juridique. Tout simplement parce qu'une affaire traitée par la Crim' va se retrouver un jour devant une Cour d'assises. Alors, les auditions des témoins majeurs se doivent d'être techniquement ciselées : elles sont appelées à rester gravées dans le marbre. Tout ce qui est écrit n'existe pas, n'a pas la moindre valeur devant un tribunal si les faits évoqués ne peuvent être prouvés. La procédure sera donc relue mot à mot par l'ensemble de la hiérarchie policière. Je me souviens d'heures passées debout, devant le bureau de mon chef de service, qui me reproche, page après page, une approximation, un terme inadéquat, un mot erroné. Nous sommes encore à l'âge de l'exemplaire original dupliqué grâce à la magie quelque peu salissante pour les doigts du papier carbone ; une rature a pour effet de devoir taper à nouveau le texte d'une page dans son intégralité : se faire moine copiste devait être moins éprouvant. Aujourd'hui, il existe des logiciels censés guider les procéduriers dans la tâche qui est la leur. Ils ne les exonèrent pas pour autant de la rigueur qui doit accompagner le choix d'un mot ou d'une formule. Dans ce domaine, rien n'a changé.

Lorsque le service est saisi d'un meurtre, l'équipe est constituée d'un groupe – six hommes, comme nous l'avons vu –, d'un procédurier, d'un commissaire de police, du chef de service ou, en l'absence de celui-ci, de son adjoint. Si l'affaire revêt une importance particulière, un second groupe peut venir renforcer le premier. En revanche, l'équipe ne verra jamais ses effectifs réduits pour une raison ou pour une autre et elle se déplacera toujours au complet. Ainsi, un ministre ou un clochard occis sur le bitume parisien peuvent raisonnablement espérer au moment de rendre leur dernier souffle qu'ils bénéficieront du même traitement de la part de nos services. Je crois que c'est ce qui fait en partie la grandeur de la Crim' – c'était au moins ainsi à cette époque, et c'était notre honneur. Un bon patron fait en sorte que les groupes soient toujours équilibrés en nombre, en compétences et en caractères : donc, il n'y a pas à proprement parler de groupe meilleur qu'un autre ; et pas davantage de groupes constitués de « cadors » au détriment de certains autres qui ne compteraient que des « brelles ». Cela n'existe pas à la Crim'. Le secret de cette alchimie réside dans un dosage subtil. Si le chef de groupe est un contemplatif, on lui adjoindra un gars plus nerveux ; si c'est un « intello », il verra arriver un flic plus « physique » à ses côtés.

Chaque jour, à partir de dix-neuf heures, un groupe, un procédurier, un commissaire, le chef et son adjoint prennent la permanence pour vingt-quatre heures. Cela signifie qu'ils ne peuvent pas bouger du service durant la journée et qu'ils doivent rester disponibles durant la nuit… Il m'est ainsi arrivé de traiter deux affaires de meurtres à la suite, chacune à une extrémité de Paris, puis, au petit matin, de prendre part au désamorçage d'une bombe au dernier étage de la tour Eiffel. Dans ces cas-là, on fait face… En appelant toutefois à l'aide ! Cela signifie aussi que l'on ne choisit pas les affaires. Quand on est de permanence, on prend ce qui arrive. Il n'y a pas de place pour l'arbitraire. Aucune place non plus pour une décision quelque peu politique. Saisir un groupe et un commissaire autres que ceux de permanence pour traiter une affaire au prétexte qu'elle est « belle » ou, au contraire, dénuée d'intérêt, relève de la science-fiction. Alors, bien servis par le hasard, ceux qui se sont vu confier une « belle affaire » roulent des mécaniques dans les couloirs et c'est vrai qu'on les envie ; ceux qui, au contraire, ont été moins bien lotis par le destin rasent les murs et essuient les quolibets – « Ça avance bien ton affaire, t'es content ? ». Pour trouver quelque réconfort, ceux-là se disent que, de toute façon, la roue tourne : « la belle affaire », ce sera pour la prochaine fois. À la Crim', ils savent que c'est possible.

Un groupe ne parle jamais d'une affaire qu'il a en charge à un autre groupe – discrétion et secret de l'instruction obligent. Et puis, il y a aussi une forme de jalousie qui n'est pas étrangère à ce comportement. Seuls les commissaires s'y autorisent parfois dans le cadre des réunions de synthèse ou, éventuellement, le matin autour de la machine à café.

Entre 1975 et 1980, c'est une petite centaine de cas que nous avons à résoudre chaque année. Notre champ d'action, là où nous intervenons, c'est le crime dont l'auteur n'est pas identifié. L'enquête qui s'annonce d'emblée difficile. Qui décide qu'il nous incombera de la mener à bien ? Le substitut de la section des flagrants délits du Parquet de Paris. Il se rend toujours sur les lieux d'un crime, de jour comme de nuit. S'il existe un doute, un observateur de la Brigade criminelle, un flic chevronné, donnera son avis. Mais la plupart du temps, il n'y en a pas : les corps que l'on découvre ont été lacérés, brûlés, torturés, découpés en morceaux, truffés de plomb, noyés ou roués de coups ;

ils sont frais, congelés ou putréfiés... Règlements de comptes, actes de terrorisme, meurtres crapuleux, prémédités ou non, vengeance de mari trompé, meurtres sexuels : dans ce domaine, j'ai tout vu, tout connu. Et il faut savoir vivre avec ça.

- III -

COMMENT, OU ET AVEC QUI...

Pour être tout à fait franc, j'ai assez mal vécu ce lien étroit que j'ai entretenu avec la mort une bonne dizaine d'années durant. La camarde est une compagne encombrante ; on s'habitue à elle, mais sa présence reste dérangeante. Elle est toujours là à vous tourner autour, même en dehors des heures ouvrables : elle vous raccompagne le soir à votre domicile, vous la retrouvez le matin, elle vous a attendu, quand elle a eu l'indulgence de ne pas vous tirer du sommeil au milieu de la nuit. Je crois avoir traité lors de mon passage à la Crim' quelque trois cents homicides. Il n'y a aucune forfanterie dans cette estimation, seulement du respect pour la plupart des disparus ; certains m'ont marqué de leur empreinte, et je peux affirmer que, d'une certaine façon, il m'a été donné de les « connaître ». Pourquoi du respect pour « la plupart des disparus », pourquoi du respect pour les uns et pas pour les autres ? Des truands que l'on retrouve raides sur un trottoir de

Paris ou au fond d'une cave, je ne vais pas vous dire que cela m'émeut particulièrement – il m'est même arrivé de penser que quelqu'un avait fait œuvre de salubrité publique en les éliminant ; en revanche, la mort d'un enfant a toujours quelque chose d'obscène, et les corps de personnes torturées avant de décéder m'ont souvent amené à chercher le sommeil durant des heures avant de le trouver. En somme, il y a des morts qui sont supportables et d'autres qui ne le sont pas. Les morts qui ne datent pas d'hier, ceux qui grouillent de vermine, c'est encore autre chose : ils vous ramènent à la condition qui est la vôtre, ils vous font sentir très humble. Dans ce métier, je vous l'ai dit, personne n'aime révéler la moindre fragilité – la cuirasse se fendrait-elle de bas en haut si venait à apparaître une microfissure ? Il faut croire que c'est ce que chacun redoute. Reste qu'à un moment, on ne peut plus regarder la mort en face, on ne peut même plus la voir en peinture. Et on ne peut plus la sentir. Elle a fini par s'insinuer partout et occuper toute « la place de cerveau disponible » ; il n'y en a que pour elle depuis trop longtemps. Côté hémoglobine, c'est l'overdose. Ces instantanés qui impriment la rétine jour après jour se transforment au fil du temps en réminiscences macabres. Elles s'accumulent par strates dans d'obscurs recoins ; on croit les oublier parce qu'elles savent se faire oublier, puis, pour un oui ou pour un non, elles reviennent affleurer à la surface de la conscience et vous laissent à demi hébété, un peu comme un *uppercut* que l'on n'a pas vu arriver. Et puis il y a le chagrin de toutes ces familles que l'on a dû avertir de l'irréparable, voire de l'abominable. Cette tâche est sans doute l'une des plus difficiles à assumer. On a beau se dire que l'on est professionnel, que c'est part of the job, qu'il faut s'en acquitter au mieux et, si possible, sans y laisser trop de plumes à chaque fois, vient le moment où elle n'est plus supportable. En résumé, l'émotion est différente selon les circonstances du décès, la personnalité de la victime et l'état du cadavre. Les mensonges, la lâcheté et la veulerie de la plupart des assassins ne contribuent pas, pour leur part, à rendre le tableau plus réjouissant.

« Ainsi que la vérité, le meurtre a ses degrés » affirmait Corneille : je me range à son avis. Si le règlement de comptes m'a toujours laissé indifférent, si l'identification de l'auteur – ou des auteurs – de celui-ci ne m'a jamais obsédé, les meurtres crapuleux ou, pires encore, les meurtres gratuits demeurent insupportables à mes yeux. Les membres des clans Vella et Gauthier pouvaient s'entretuer allégrement, ils ne faisaient que payer le prix de l'avidité, du mensonge et de la trahison – après tout, n'avaient-ils pas choisi de se ranger du mauvais côté du genre humain ? Les mobiles des uns et des autres étaient clairs, ils obéissaient à une certaine logique, voire à la raison. En revanche, quel abîme insondable est-on en train d'explorer lorsque l'on auditionne un jeune homme venant de faire avaler le contenu d'une bouteille de Destop à la petite vieille dont il convoitait les trois sous d'économies ? J'ai aussi croisé l'itinéraire d'une jeune crapule qui m'a avoué avoir enfoncé un manche à balai dans la gorge d'une jeune femme qu'il avait suivie, « juste pour le plaisir », avant de la tuer. Curieusement, confrontés à ces circonstances, nous intériorisons beaucoup et ne communiquons que très peu entre nous – et lorsque cela se produit, j'aurais tendance à dire que c'est de façon « subliminale ». Ensuite, pour continuer d'avancer, je puis vous assurer qu'il vous faut faire montre d'une capacité de résilience hors du commun.

Contrairement à une idée répandue, parce que sciemment propagée par certains, il faut savoir que le nombre des assassinats à Paris n'est pas en augmentation depuis de très nombreuses années ; il a même sérieusement diminué. De même, proportionnellement à la population, il est inférieur à celui de la majorité des capitales européennes et très largement en dessous des statistiques enregistrées dans les grandes métropoles américaines, qui se révèlent dix fois plus sanglantes. Ces crimes, par ailleurs, ne sont ni plus violents ni plus sordides qu'autrefois. Voilà qui est en mesure de procurer quelques satisfactions et de rendre la solitude qui est la vôtre – face à cette impossibilité de partager vos ressentis avec quiconque – un peu moins pesante.

Alors, peut-être vieillissez-vous un peu plus vite que la moyenne des hommes et trimballez-vous dans votre tête un cortège d'obsessions plus noires que les leurs. J'ai retiré quelques enseignements de tout cela qui m'ont permis de ne jamais m'habituer au malheur et de ne pas succomber à l'indifférence. Je sais que l'émotion ne doit jamais troubler le jugement. Je sais aussi ce que l'on peut lire parfois dans le regard des morts. Mais je le tairai.

Les autres services sont étouffés par le « ramassage » : entendez par-là le traitement des affaires courantes... Lorsque, le matin, un flic arrive dans sa division de police judiciaire, les témoins et les victimes font déjà la queue pour déposer et les cages de garde-à-vue sont pleines : sa disponibilité pour ce qui relève de l'investigation est donc réduite à néant ou presque. Rien de tout cela à la Crim'. Son fonctionnement est immuable et personne, jamais au grand jamais, ne vient lui demander de s'éparpiller à accomplir des tâches qui ne relèveraient pas de son haut niveau de technicité. Les gars le savent – du coup, ils « se la pètent » un peu. De plus, au fil du temps, l'efficacité de la Crim' s'est vue renforcée du fait qu'elle n'a plus été limitée en effectifs ou en moyens. Dans les pays anglo-saxons, par exemple, nos *alter ego* perçoivent une enveloppe globale pour traiter une affaire. Le budget imparti ne saurait être revu à la hausse durant le cours de l'enquête, l'enveloppe allouée comprenant aussi bien le coût des timbres que celui de la police scientifique. Rien de tout cela en France : chaque enquête se voit précisément dotée des moyens dont elle a besoin. Aussi, aucun flic de la Crim' ne peut-il prétendre avoir échoué faute de moyens mis à sa disposition. Idem pour ce qui relève des effectifs : si l'on a besoin de cent inspecteurs pour résoudre une affaire, cent inspecteurs – pas un de moins – vont s'y coller sans tarder pour un laps de temps plus ou moins long. Certains pisse-vinaigre ne manqueront pas cependant d'évoquer la quasi-insalubrité des locaux. Alors, parlons-en. Ils sont spartiates, inadaptés, trop exigus et le plus souvent dépourvus d'ouvertures sur l'extérieur. C'est vrai. Il n'y a pas de cantine, il faut se restaurer à l'extérieur ; pas de douche non plus et encore moins de salle de repos. Des fils pendouillent de partout – on ne perce pas des murs chargés d'histoire. Tout cela est exact. J'ai même vu, l'été, sous les toits, des fonctionnaires de l'antiterrorisme en train de suffoquer alors qu'ils travaillaient en bermuda et en tongs. Tout le monde râle. Normal : exercer le métier de flic dans un monument historique n'offre pas que des avantages. Mais viendra le jour où les choses seront pires encore. C'est lorsqu'il faudra déménager pour aller poser ses cartons dans un local de verre et d'acier dénué d'âme et de mémoire. Oui, il y aura certainement la climatisation. Les fils des ordinateurs courront dissimulés dans des gaines. Il y aura des prises électriques intégrées dans le sol. Et il y aura même une cantine. Les vieux de la vieille – mais pas seulement eux – se souviendront alors avec nostalgie des établissements où ils avaient leurs habitudes : Au Soleil d'Or, À la Boule d'Or, À la Place Saint-Michel, Chez le Grec (Costa, place Saint-André des Arts), Chez Mimi, À la Cochonnaille... Certains évoqueront même le « Rat Mort » : inutile d'aborder ici le souci de tradition gastronomique qui caractérise la cantine de la Préfecture de police, son surnom est suffisamment évocateur.

Oui, il faudra partir. Ainsi va le sens de l'Histoire. Comme les caisses de l'État ne sont pas spécialement remplies à l'heure actuelle, cela ne devrait pas être non plus pour demain. Le 36 va donc continuer pendant quelque temps d'abriter en son ventre tous ces services dont la proximité est la meilleure garante d'une grande efficacité. C'est un écosystème à lui tout seul, qui vit et se développe en vase clos sur environ le quart d'un hectare, avec ses espèces interdépendantes, parfaitement organisées, capables d'évolution et d'adaptation permanentes. Celles-ci s'imbriquent les unes aux autres par le biais de réseaux dont les échanges peuvent sembler complexes aux yeux du profane. Force est de le constater cependant, pareille synergie génère des résultats redoutables à l'encontre de celui qui a eu la mauvaise idée de nuire à l'un ou l'autre de ses semblables. Penchons-nous à présent sur ces interactions… Pour nous, gens de la Crim, l'emplacement de l'IJ, l'Identité judiciaire, est une bénédiction puisque nous effectuons des allers et retours incessants entre nos deux services. Quand ce ne sont pas les gars de l'IJ qui montent nous « signaliser » un suspect, c'est nous qui descendons suivre l'évolution de leurs recherches. Avant l'informatisation des fichiers, je me rappelle la faculté incroyable de nos interlocuteurs à mémoriser les empreintes des personnes recherchées. Ils étaient par exemple capables de nous dire instantanément si le nombre de points de comparaison des traces papillaires que nous leur présentions était suffisant ou non – et donc, si notre « client » était le bon. Ou si l'on pouvait d'ores et déjà le relâcher. Les flics de l'IJ, commissaires, officiers ou gardiens, ont toujours « fait partie de la famille ». Et ils nous ont sauvé la mise plus d'une fois. Le « labo », maintenant – le laboratoire de police scientifique : les échanges avec celui-ci sont toujours fructueux. Bien souvent, avant même que ne soit formulée officiellement une demande d'expertise, nous allons y chercher une première « orientation d'enquête ». Inutile d'avoir à traverser Paris pour connaître les enseignements délivrés par une trace de sang ou une tache de sperme. À un jet de pierre de là, se trouve le dépôt. Cet endroit où, après avoir été entendu, un individu va passer la nuit en attendant d'être déféré devant la Justice, est un peu la honte du 36 – et de la préfecture de police en général. Il s'agit, en plein cœur de Paris et à proximité de la Sainte chapelle, d'un local moyenâgeux qu'auraient pu nous envier plusieurs dictatures sud-américaines. La promiscuité et l'hygiène y sont épouvantables. Lorsque le polémiste et fondateur de l'*Idiot International*, Jean-Edern Hallier, en est remonté, après qu'il eut simulé son propre enlèvement, il hurlait, couvert de poux et de boutons. Une horreur. L'endroit vaut à la France de fréquentes mises en garde de la part des instances européennes. Pour y avoir effectué une inspection il y a peu d'années avec un organisme dédié, je dois dire que ces mises en gardes se révèlent insuffisantes.

Et puis, il y a la salle Bertillon – le fameux inventeur de l'anthropométrie que la terre entière nous envia en son temps. J'aimerais d'ailleurs un jour comprendre les raisons qui lui valent d'avoir donné son nom à l'endroit où le directeur célèbre sa grand-messe une fois par mois, où se tiennent les réunions préalables à toutes les grandes opérations et où – cela reste sa vocation première – l'on se réunit à l'occasion de « pots entre collègues » indispensables à la cohésion du groupe... Oui, c'est là accorder un grand honneur à ce Monsieur Bertillon : n'a-t-il pas, par une expertise graphologique bâclée, envoyé le capitaine Dreyfus sur l'Île du Diable ?

Il faut savoir que tous les flics de la Crim', sans exception, ont été cooptés. Tous ont de l'expérience – la Brigade n'accorde jamais de premier poste – et leur niveau est souvent impressionnant. Qui sait qu'un gardien de la paix est la plupart du temps Bac + 2, qu'un officier est titulaire d'une licence – voire d'une maîtrise – et que la formation dans les écoles de police est encyclopédique ? Ajoutez à cela que les tests psychologiques peuvent se révéler éliminatoires et que les capacités physiques de chacun sont éprouvées par des tests de haut niveau – donc, vous l'aurez compris, les Bérurier n'ont pas leur place au 36. On arrive à la Crim' parce que quelqu'un a soufflé votre nom ; en général, c'est parce que votre comportement est louable et vos compétences avérées. Celui qui a eu l'idée judicieuse de vous recommander devient votre parrain ; il endosse la responsabilité liée à la suggestion qu'il a formulée. Mais rien n'est joué. Parce que, discrètement, vous faites l'objet d'une enquête. Les réseaux sont activés, le bouche-à-oreille fonctionne à fond. Vous, pendant ce temps-là, vous guettez la fumée blanche. Puis, vient la convocation, vous êtes intégré au sein d'un groupe où vous allez être testé. C'est l'affaire d'un chef inspecteur divisionnaire. Trop sûr de vous, ce n'est pas bon. Pas assez sûr de vous, ce n'est pas bon non plus. Vous arrivez à la Crim' et vous pensez que tout est arrivé pour autant, ça ne va pas aller. Il faut être juste. Il faut être à sa place. Vous voilà enfin adoubé. L'arrêté de votre nomination ne va pas tarder. Ce n'est pas le moment de relâcher son attention. Un tuteur vous prend en main ; dans le jargon de la Crim', à l'époque, on l'appelait « la flèche ». Et il vous jauge. Jour après jour. Vous savez qu'il vous a à l'œil. Vous devez continuer de jouer la partition avec justesse. Aïe, voilà que vous vous êtes loupé quelque part. Vous ne savez pas où ni quand il y a eu une fausse note mais le gars arrive un matin et il vous dit : « Écoute, petit, tu ne fais pas l'affaire, tu dois partir ». Voilà, en quelques mots, c'est réglé. Quand un coéquipier d'Éric Tabarly passait par-dessus bord au cours d'une Transat, le navigateur expliquait avec sobriété : « Il n'avait pas sa place sur le bateau ». Là, c'est un peu la même chose. Vous n'aviez pas votre place à la Crim'. Et vous vous sentez comme un homme à la mer quand arrive l'arrêté qui vous disqualifie. Pour les commissaires, le processus est le même. Il faut croire que je ne me suis pas trop mal débrouillé : je suis resté à la Crim'.

J'ai toujours été fasciné par l'extraordinaire mosaïque humaine dont la Crim' pouvait – et peut toujours – se prévaloir. La diversité, pour ce qui concerne les opinions politiques et religieuses, y est celle d'un panel représentatif de la société française. Je me souviens d'avoir croisé dans le service et à la même époque un chef de groupe royaliste et un autre ouvertement communiste. Il a toujours régné à la Crim' un climat de tolérance absolue – sauf, peut-être, à la fin de certains repas durant lesquels Bacchus avait échauffé les esprits. Durant ces années passées à la Crim', j'ai croisé des géants, des nains, des sportifs, des poètes, des sybarites, des ascètes, des hommes qui aimaient les femmes, des hommes qui aimaient les hommes, des travailleurs, des fainéants, des héros et des lâches. Outre la richesse des personnalités que j'ai côtoyées durant des années, source pour moi de grandes satisfactions, j'ai été amené à rencontrer des hommes pour qui l'honneur était une vertu cardinale. Chacun savait qui était l'autre. Chacun respectait l'autre. Et chacun avait le sentiment d'appartenir à une famille. Quels que fussent les différends, nul ne se hasardait à dire du mal d'autrui en dehors du cénacle ; les problèmes se réglaient entre nous, la plupart du temps dans l'enceinte du 36.

Les commissaires et les directeurs passaient leur « testament » à ceux qui étaient appelés à leur succéder ; en partant, ils pouvaient être certains que les engagements qu'ils avaient pris auprès des uns et des autres seraient respectés. L'administration comme le préfet n'étaient au courant de rien concernant ces accords passés d'homme à homme.

Alors, parce que son statut n'est pas celui de tous les flics, parce qu'il a conscience de se trouver placé au-dessus du panier, le flic de la Crim' se montre volontiers hautain. Il vole avec les aigles, voyez-vous. Ses collègues des stups ou de l'antigang, il les considère un peu comme des gros bras en charge des basses œuvres – pas du tout son truc, quoi. Lui, il a un cerveau, il s'en sert. Bien évidemment, les collègues en question ont trouvé le surnom *ad hoc* pour les gars de la Crim' : ils les appellent « Les petits marquis ». Pas très méchant. De toute façon, on réglait ça sur les affaires où nous étions appelés à nous retrouver. Sinon, sur un terrain de foot ou un court de tennis, voire à l'occasion d'un semi-marathon.

- IV -

LA CRIM' AU QUOTIDIEN

L'épreuve, lorsque l'on arrive le matin au 36, aux environs de 8 h 30, est de stationner son véhicule – il n'y a pas encore de parking mis à notre disposition à l'aube des années quatre-vingt et les emplacements dans la cour sont réservés aux chefs. Lorsque, par miracle, vous parvenez enfin à garer votre voiture, vous n'ignorez pas qu'un gardien de la paix va s'empresser de verbaliser : il sait que vous ne payez jamais les contraventions qui vous sont infligées, mais c'est plus fort que lui, toute voiture appartenant à un gars de la PJ déclenche ce type de réflexe, c'est pavlovien ; plus vicelard encore, et sans doute plus jouissif, il y a le sabot de Denver qui va vous immobiliser alors que, bien évidemment, l'urgence vous appelle. Cependant, l'humiliation suprême pour un flic reste de devoir aller récupérer sa voiture à la fourrière ; c'est arrivé à chacun d'entre nous, et aujourd'hui encore, je ne m'explique pas les raisons de cet acharnement entre fonctionnaires. Sous le porche du 36, un gardien vous dévisage ; il suffit de prononcer la formule magique – « C'est la maison » – et vous voilà dans les murs alors qu'il est déjà retombé dans sa torpeur. L'attentat commis par Max Frérot puis la menace terroriste auront raison de ce laxisme bon enfant. À main gauche en entrant, la cour ; celle où, précisément, se garent les chefs – en un clin d'œil, on sait qui est arrivé, qui est en retard, et l'on dresse quelques rapides statistiques qui permettront d'alimenter la conversation autour de l'arbre à palabres : « Dis donc, ton chef, il serait pas un peu fatigué en ce moment ? »

Mais auparavant, il faut entreprendre l'ascension de l'escalier, le fameux escalier en colimaçon du 36 qui recense, si mes souvenirs sont exacts, environ cent cinquante marches ; il dépend conjointement du Palais de justice, des Monuments historiques et de la Préfecture de police... Pas étonnant, donc, qu'il n'ait jamais été rénové ni même correctement entretenu. C'est aussi du fait de cette triple appartenance qu'il n'a jamais été question de lui adjoindre un ascenseur. Voilà qui n'est pas sans générer quelques problèmes lorsque, par exemple, vous devez entendre un asthmatique – il faudra alors descendre procéder à l'audition dans le local des chauffeurs – ou quand un préfet un peu enrobé s'est mis dans la tête d'honorer les services de sa visite.

Chaque matin, vous savez votre progression observée avec intérêt par les flics plus matinaux que vous, tranquillement appuyés à la rambarde du troisième, une tasse de café à la main. Conscients de l'enjeu, certains estiment alors nécessaire de gravir les marches deux par deux, quittes à arriver à destination hors d'haleine…

Parvenu à l'étage, vous voilà face au bureau 305 dont la porte est toujours ouverte – c'est le bureau des chefs inspecteurs. Arrivés dès potron-minet, ils veillent sur les manquements à la ponctualité. On les surnomme « les vestales » puisque l'une de leurs fonctions essentielles consiste à entretenir le feu sacré. Il est opportun de faire acte d'allégeance et d'entrer les saluer – il conviendra d'en profiter pour s'informer des événements survenus durant la nuit et, à l'occasion, recueillir quelques rumeurs. Aucune arrivée à la Crim', aucun départ, ne peut survenir sans passer sous leurs fourches caudines. Deux ou trois choses essentielles à ne pas oublier : d'abord, ils ont un accès direct au Chef ; ensuite, ils supervisent l'octroi des perms, celui des voitures et des radios… Ils sont donc incontournables au propre comme au figuré. Quelques petits malins, de nouveaux arrivants bien évidemment puisque peu au fait des réalités du 36, tentent parfois de s'esquiver par une issue de secours située au cinquième étage – elle donne sur un couloir du Palais de justice. Il y a toujours alors une âme charitable pour les dénoncer et ils reviennent, penauds, adresser leurs excuses à la hiérarchie, ce qui est un réel plaisir pour les amateurs du genre.

Le premier geste de tout policier une fois franchi le seuil de son bureau, est de retirer le pistolet qu'il porte dans son étui pour le glisser dans un tiroir aussitôt fermé à clef. Personne ne se promène dans les locaux de la Crim', comme dans tous ceux du 36 d'ailleurs, avec une arme sur le côté ou à l'aisselle. Il s'agit-là, bien évidemment, d'une mesure de sécurité, et il n'y a que dans les films qu'elle n'est pas respectée.

À l'extérieur, tous les flics de la PJ sont armés – même lorsqu'ils rentrent chez eux, car ils peuvent être amenés à porter assistance à tout citoyen – et, à l'exception d'hommes appartenant à des services très spécialisés, ils sont en possession de la même arme de service. Un rapide retour dans le temps nous permettra d'établir les mérites comparés – à mes yeux tout au moins – des unes et des autres. Au début, tout le monde s'est vu équipé d'un pistolet de marque Unique. Cette arme offrait un avantage majeur dans la mesure où elle a contribué à considérablement limiter le nombre des bavures sur le terrain : la cible était rarement atteinte. Le pistolet Herstal lui a donc succédé, lequel a bientôt été remplacé par le Smith & Wesson – fiable, il donnait satisfaction à ses utilisateurs. Puis ce fut un revolver Manurhin, le MR 73, qui nous fut confié. Celui-ci a eu ma préférence avant que ne soient mis à notre disposition les Beretta et autres Glock, dont la puissance de feu n'est pas sans évoquer celle du porte-avion. Je me suis souvent interrogé sur l'utilité de ces changements successifs. Et je ne lui vois qu'une seule explication : l'administration se doit de contribuer à la bonne santé de l'industrie de l'armement.

Pour un commissaire, la journée démarre par la visite au patron et à son adjoint. Et bien malin est le flic qui, le matin, peut dire à quelle heure il rentrera le soir à la maison. Ce sera en fonction des affaires en cours mais aussi des événements pouvant survenir à tout instant. Il n'est évidement pas concevable de quitter le bureau en y abandonnant des vérifications ou des auditions qui sont susceptibles de faire évoluer une enquête criminelle… Donc, on sait quand on arrive, jamais quand on décroche. Difficile aussi de faire des projets pour le week-end à venir tant il existe de probabilités de les voir contrariés. Il m'est ainsi arrivé, comme à tant d'autres d'ailleurs, de connaître deux mois d'activité ininterrompue, ou alors, d'abandonner ma femme et mes enfants sur le quai de la gare un matin de départ en vacances de neige. Je n'ai pas non plus été autorisé à assister à la naissance de ma fille car des investigations capitales étaient en cours… Nous avons tous connu ces désagréments. Bien que dévoué au service public, je trouve cela excessif. Fort heureusement, dans ce domaine, les choses ont évolué.

Par temps calme, chacun arrive un peu après 8 heures – même si l'horaire n'est pas dénué d'élasticité – et part aux environs de 19 h 30 ; par gros temps, il faut être sur le pont aussi longtemps que cela s'avère nécessaire… C'est aussi simple que ça, et il ne sera pardonné à personne d'enfreindre cette loi.

Mon premier chef est Pierre Ottavioli, le dieu vivant du 36 en personne. Altier, toujours tiré à quatre épingles, portant en lui le meilleur de l'âme corse, ses commentaires sont des ordres et ses promesses toujours suivies d'effet. L'homme a un caractère bien trempé : je l'ai entendu dire « non » à un directeur, « non » à un préfet et même « non » à un ministre. Notamment quand, craignant dans l'Hexagone une vague d'enlèvements « à l'italienne », il a refusé de payer la rançon réclamée par les ravisseurs de Luchino Revelli-Beaumont, le directeur général de Fiat France. Je me souviens de sa détermination : « Je refuse, a-t-il asséné. Je m'assoirai sur les sacs contenant l'argent s'il le faut, mais ils n'auront pas un sou ». C'était dit, c'était assumé ; rien ni personne n'allait le faire revenir sur sa décision, pas même son ministre de tutelle. Ottavioli a tenu bon, et les événements ont montré qu'il avait fait le bon choix puisque la contagion qu'il redoutait ne s'est pas produite. Aujourd'hui, celui qui tient tête comme Otta l'a fait, dégage dans les heures qui suivent, qu'il ait ou non raison. Que dire encore de Pierre Ottavioli ? Si ce n'est qu'il accorde une confiance totale aux collaborateurs qu'il a choisis. Malheur, en revanche, à celui qui vient à le décevoir…

Pour mémoire, j'ajouterai qu'à l'époque les rançons étaient payées en billets – un groupe était chargé de les commander et d'aller les chercher à la Banque de France, puis ils étaient placés dans des sacs de jute : l'ensemble était suffisamment volumineux pour remplir un coffre de voiture. Aujourd'hui, les transactions de cette nature se font par virements « Swift », immatériels, à destination de comptes numérotés dans des paradis fiscaux, parfois en Europe. En tout cas, Audiard n'y reconnaîtrait pas ses petits…

Après le départ de Pierre Ottavioli, j'ai la chance de n'avoir à travailler que sous les ordres de chefs d'exception. Marcel Leclerc, tout d'abord : il est docte, impérial, très professionnel et il marquera la Crim' de son empreinte. Jacques Genthial, ensuite : il ne vient pas de la Préfecture de police, mais de la Centrale de la PJ, ce qui est une première. Genthial parvient à s'imposer en quelques jours tant ses qualités sont évidentes. Sa personnalité est riche, il est spirituel voire provocateur, d'une grande élévation intellectuelle et je le tiens pour l'un des plus grands policiers de tous les temps. Son licenciement, survenu du jour au lendemain, m'a pour le moins choqué. Voici comment les choses se sont passées, le pouvoir en place à cette époque n'en sort pas grandi...

Je suis l'adjoint de Jacques Genthial et me trouve dans son bureau lorsque Jean-Edern Hallier l'appelle au sujet de cette affaire de pseudo enlèvement que j'ai déjà évoquée. À l'époque, il prépare un pamphlet révélant l'existence de Mazarine Pingeot, la fille de François Mitterrand dont la France ignore encore l'existence. Genthial, sur le ton de la plaisanterie, l'invite à ne pas trop s'étendre au téléphone – il ignore qu'une cellule élyséenne a mis son interlocuteur sur écoutes. Ce qui lui sera fatal : il est soupçonné de connivence. Dans le courant de la soirée, Jacques Genthial est convoqué par le préfet. Celui-ci lui indique qu'il doit immédiatement quitter son poste. « Pour quelle raison ? » demande alors Genthial. « Je ne suis pas habilité à vous le dire » s'entend-il répondre. La République se montre parfois ingrate envers ceux qui la servent ; le corps préfectoral, quant à lui, n'a pas cillé face à cette décision puisqu'elle venait « d'en haut ».

Je n'oublierai pas le regard triste et les mâchoires serrées de Jacques Genthial le jour de son départ. Il n'a pas prononcé un mot. Il deviendra un peu plus tard le père et l'artisan de la police scientifique – avec l'aide politique et financière de Pierre Joxe...

Marcel Morin le remplace dans ses fonctions à la tête de la Brigade. Il a été officier en Algérie et c'est un homme d'action : le tombeur de la *French*

Connection, c'est lui. À ses yeux, la Crim' est trop lente. Il ne supporte pas les affaires liées au terrorisme ; alors, c'est moi qui en hérite. Puis arrive Jean Dufour, qui sera mon dernier patron. Il a été ouvrier avant de devenir gardien de la paix ; je garde en mémoire sa modestie et son bon sens. Il a terminé une carrière sans faute au poste de Contrôleur général. Et c'est à lui que je succèderai en octobre 1989.

Chef de la Crim', je suis entouré de collaborateurs exceptionnels : Jean-Pierre Birot, Noël Robin, Patrick Heffner, notamment ; ils deviendront sous-directeurs. Plus que des collègues, nous sommes alors des amis. Nos familles se connaissent, nous faisons du sport ensemble. Et nous formons une équipe on ne peut plus soudée.

Certains parmi mes collaborateurs sont des collaboratrices...

Je me souviens de l'arrivée des premières femmes appelées à occuper des postes à responsabilités au sein de la Crim', et notamment de celle qui a été la première à endosser les fonctions de chef de groupe : Odile Fairise. L'événement a suscité quelque curiosité et celle-ci a fait long feu : le charisme et l'autorité de la dame n'avaient rien à envier à ceux dont se prévaut souvent la gent masculine. De toute façon, à mes yeux, les collaborateurs compétents sont asexués. Les femmes flics ne travaillent ni mieux ni moins bien que leurs homologues du sexe dit fort – pas même différemment. J'ai travaillé des années durant avec Martine Monteil et Mireille Ballestrazzi : sans faire offense à leur charme et à leur beauté, je me souviens avant tout de leur efficacité et de leur compétence. La police est certainement, quoi qu'en pensent certains, un milieu moins macho que les autres.

M'ont succédé à la tête de la Crim' des personnalités hors du commun. Il y a eu Martine Monteil, et aussi Christian Flaesch, actuel directeur du 36. J'ai eu l'honneur de les compter parmi mes collaborateurs, ainsi qu'un certain Frédéric Péchenard. Il est aujourd'hui le Directeur général de la police. Je suis peu enclin à flatter autrui, et les fonctions qui sont les siennes aujourd'hui ne sont pas liées à ce qui va suivre : Frédéric Péchenard reste, parmi tous ces collaborateurs avec qui j'ai eu le bonheur de travailler, celui qui m'a le plus impressionné. L'homme, que j'avais connu et déjà apprécié à la brigade des stups, a été quelque peu difficile à canaliser durant ses premières années à la Crim' : il voulait tout casser, tout changer. Bien que toute vérité soit, selon moi, bonne à dire, il les disait parfois un peu haut et fort. Et puis, au fil du temps, il s'est discipliné pour devenir, selon l'avis de tous, « le meilleur d'entre nous ». À ceux qui voient pour raison majeure de sa nomination à la tête du 36 les liens très anciens qui le lient à Nicolas Sarkozy, j'affirme qu'ils sont dans l'erreur. Certes, c'est un copain du président. Mais surtout, il est excellent, l'homme ayant déjà montré les impressionnantes capacités d'analyse et de synthèse qui sont les siennes. J'ai en mémoire les réactions indignées des préfets lorsqu'il a été nommé : « Comment ? Un policier à la tête de la police ? En plus, il n'a même pas fait l'ENA ! »

J'en ris encore.

À propos, comment arrive-t-on à la tête de la Crim' ? Bien évidemment, c'est toujours un commissaire issu de la PJ qui est appelé à endosser ces fonctions – un commissaire divisionnaire chevronné. Durant ma carrière, je n'ai vu à ce poste ni pistonné ni imposteur. D'abord, il faut être reconnu par ses pairs et ses collègues ; ensuite, par les syndicats de commissaires et d'officiers, et, pour finir, ne pas avoir été « barré » par l'autorité judiciaire.

Le directeur soumet toujours deux noms à l'autorité supérieure afin que celle-ci ne se sente pas forcée ; *in fine*, le cabinet du ministre retient le candidat politiquement « présentable ». Pour ce qui concerne ma nomination, je la dois à Pierre Joxe. Le choix est réfléchi ; l'éviction, je vous l'ai dit à propos de Jacques Genthial, est, en revanche, toujours brutale. C'est ainsi que Christian Gallo, un peu plus tard, a fait les frais de rivalités entre services à la suite des attentats survenus en 1995. Comme il était le seul à avoir la conscience tranquille, son nom tombait à pic et son départ aussi :

il fut débarqué sans ménagement. En cas de « bavure » – ce terme a été emprunté à la métallurgie par Marcel Leclerc – c'est le politique qui indique à quel niveau de responsabilité la faux doit trancher les têtes.

Et elle s'abat sans prévenir.

À l'instar de toute corporation, la Crim' a son jargon. Le matin, chacun s'inquiète de savoir qui sera « de doublure » ce soir – à savoir, de permanence. Lorsque le service est saisi d'un meurtre, on entend crier dans les couloirs que « ça dérouille » ; et lorsqu'un groupe « dérouille », s'ensuit une « remontée de doublure », puisqu'un autre va endosser la permanence à sa place. Le groupe qui s'est vu octroyer une mission, part « faire les constates » et rechercher « des paluches » : des empreintes. Avec un peu de chance, l'on parvient rapidement à « redresser » l'auteur du crime, soit à l'identifier. Ce peut être un « cave » ou un « beau mec » : un type lambda ou un voyou. Maintenant, il reste à le « loger » ; en d'autres termes, trouver l'endroit où on lui tombera dessus. On aura peut-être besoin de recourir à « une filoche » – suivre quelqu'un – et de monter une « planque ». Mais peut-être une « borgnotte » est-elle nécessaire ? Il s'agit de mettre en place un dispositif léger, un ou deux hommes seulement, juste pour voir si « ça bouge ». En tout cas, il faudra veiller à ne pas se faire « détroncher » : oui, pas question de se faire repérer.

Parfois, il est nécessaire de recourir aux « zonzons », les écoutes judiciaires ; ou aux écoutes administratives, « les HLM ». « Monter une fontaine », installer des micros dans un appartement, peut aussi donner des résultats intéressants. En tout cas, l'intervention d'un « cousin », encore appelé « un tonton » – entendez : un informateur – est toujours appréciée… Ce jargon nous amuse. Nous sommes volontiers familiers entre nous, jamais vulgaires…

- V -

Des us et coutumes en vigueur

Au troisième étage, tout le monde porte costume et cravate. Ce n'est pas là volonté de paraître, ou la marque d'un quelconque snobisme revendiqué par l'ensemble des hommes de la Crim'. Non, c'est affaire de respect envers les familles des victimes, et aussi de politesse vis-à-vis des témoins auxquels nous rendons visite chaque jour. Au risque de paraître un rien *old school*, j'ai toujours apprécié ceux qui manifestent ainsi des égards à l'intention d'autrui. Sans doute parce que, à mes yeux, le laisser-aller s'accompagne souvent d'une certaine nonchalance intellectuelle.

Les commissaires se tutoient et vouvoient les inspecteurs – sauf si des liens amicaux les unissent de longue date. Les inspecteurs, eux, se tutoient systématiquement, et il est rare que la différence d'âge vaille à certains un traitement différent. Par l'effet de quelque loi non écrite, les plus anciens disposent toujours des bureaux les plus spacieux et des véhicules les plus puissants ; il en va ainsi, c'est la tradition, et nul ne se hasarderait à la remettre en question. Et puisque nous abordons le chapitre des traditions, figurent bien évidemment au nombre de celles-ci « les pots ». En fait, à la Crim', tout est prétexte à célébrations : les promotions, les mutations, les départs à la retraite, etc. Mauvais jus d'orange, mauvais vin, mauvais saucisson, le tout proposé sur des nappes en papier, mais peu importe : ces libations offrent l'avantage de renforcer la cohésion entre les hommes et sont, en outre, les rares moments où les inspecteurs peuvent échanger librement avec les commissaires. Les magistrats ne boudent jamais pareilles réjouissances, et les journalistes y sont fréquemment conviés : nous les savons friands, eux aussi, de ces moments de liberté de parole.

Le pot peut cependant être un moment redouté : en effet, c'est à cette occasion que la base va avoir accès aux sphères supérieures ; un cinquième ou un sixième de groupe, par exemple, discutera avec le chef de service et, éventuellement, avec le directeur qui découvriront ainsi une vérité cachée… Compte tenu du contexte, les langues peuvent se délier au-delà de ce qui est communément admis, et les mots dépassant la pensée mettront parfois la hiérarchie intermédiaire dans l'embarras. Avant que la « circulaire Joxe », en 1989, n'interdise l'alcool dans les services, quelques excès sont survenus à telle ou telle occasion.

En fait, l'ambiance devenait d'autant plus chaude que nos soucis étaient nombreux, et il m'est arrivé d'essuyer les reproches du procureur de la République qui, depuis son bureau tout proche, ne semblait pas goûter les chansons de corps de garde au fur et à mesure où l'on se rapprochait de la fin de la soirée.

Serge Gainsbourg nous rejoignait parfois et demandait invariablement un « yaourt » – en fait, un Ricard pur. Il appréciait notre compagnie et c'était réciproque. L'homme s'était pris d'amitié pour le 36 à la suite d'une affaire concernant l'un de ses proches – sans doute estimait-il que celle-ci avait été réglée à sa convenance, c'est-à-dire humainement – et je le voyais parfois débarquer à l'improviste pour s'asseoir dans un fauteuil où il me faisait face. Gainsbourg pouvait rester ainsi tout l'après-midi, le sourire aux lèvres, à me regarder travailler. Et lorsque se profilaient les fêtes de fin d'année, il contribuait généreusement à l'arbre de Noël de l'orphelinat avant de partir.

Autre célébration incontournable, le banquet annuel. Celui-ci est organisé au printemps, le plus souvent à la campagne, et il en est ainsi depuis environ un siècle. Il réunit tout le monde, à l'exception, bien évidemment, du groupe de « doublure » resté au 36. Les anciens du service – et eux uniquement – y sont conviés, ainsi que le directeur de la PJ, qui, de tout temps, a toujours été un ancien de la Crim'. Une fois passé le discours empreint d'autosatisfaction du chef de service, c'est un moment de convivialité pour le moins intense. Démarré à 11 heures, l'événement se prolonge parfois jusqu'à 2 heures du matin, voire au-delà, et il peut être le théâtre de certains débordements. Ainsi a-t-on vu, à la fin des années 1980, une partie de la brigade courir dans le plus simple appareil au beau milieu de jardins investis par un séminaire, essentiellement féminin de formation continue, pour se jeter en hurlant dans la piscine de l'établissement qui nous avait accueillis.

Ne pas prendre part au banquet sans un motif réel et sérieux vous désignait immanquablement à l'opprobre.

Dans un autre registre, moins gai il est vrai, le rituel de la Toussaint vaut à une délégation de faire le tour des cimetières parisiens pour se recueillir et déposer une gerbe sur la tombe des anciens. Cela pourra sembler désuet, mais cette pratique est le reflet d'un état d'esprit auquel beaucoup restent attachés. Et puis, chaque année, le service tout entier se réunit sur les marches du Palais de justice pour sacrifier à la sempiternelle photo de groupe – oui, encore une tradition. Le cliché, une fois encadré, ira rejoindre tous les autres sur les murs du bureau 305 qu'occupent les vestales : ils nous rappellent à chacun le temps qui passe et les ans qui s'accumulent – sans doute pour mieux nous ancrer dans le présent, mais aussi, afin que chacun puisse évaluer d'un coup d'œil l'ancienneté des collègues et collaborateurs : c'est le gage de leur légitimité. Pour finir avec les us et coutumes de la Crim', j'évoquerai la remise des médailles. Celles-ci existent en deux versions. La plus grande est en bronze ; elle est attribuée aux amis du service, à ceux que l'on souhaite honorer, aux collègues étrangers ou aux magistrats – l'événement sera bien évidemment prétexte à un pot. L'autre, plus petite, en argent, porte la mention « Qui s'y frotte s'y pique ». Ne la possèdent que ceux qui ont été membres de la brigade. En général, ils la gardent au fond de leur poche jusqu'à la fin de leurs jours.

Chaque jour passé à la Crim' donne lieu à des échanges avec des intervenants multiples. Nos partenaires quotidiens sont les magistrats, les médecins légistes, le préfet de police, les avocats, les collègues des autres services de la PJ, ceux qui les dirigent, et puis, bien évidemment, les journalistes. Durant les dix années passées à fréquenter les uns et les autres, chacun s'efforçant de jouer au mieux sa partition, j'ai remarqué qu'ils valent souvent plus par leurs qualités propres que par l'institution à laquelle ils appartiennent. C'est au chef de la Crim', mais pas à lui seul, qu'échoit le rôle passionnant d'intermédiaire entre le service et les autres protagonistes d'une affaire judiciaire. Je me propose donc d'examiner les rapports parfois complexes qui régissent nos échanges.

Voyons, tout d'abord, ce qu'il en est concernant les magistrats…

L'officier de Police judiciaire est noté, muté et payé par l'autorité administrative, soit le ministère de l'Intérieur, et en même temps dirigé, contrôlé et également noté par l'autorité judiciaire : voilà qui conduit à un moment ou à un autre sur les rives de la schizophrénie. Selon la loi, « la PJ est exercée sous la direction du procureur de la République (article 12 de la procédure pénale) et placée sous la surveillance du procureur général ». En d'autres termes, l'OPJ n'a qu'un chef : le procureur de la République – mais les moyens de travailler lui sont fournis par son administration… Voilà la règle du jeu à laquelle il convient de savoir s'adapter, gageons qu'il en existe de plus simples.

En général, une semaine après le constat du flagrant délit, une information judiciaire est ouverte. Les magistrats qui suivent le déroulement des enquêtes confiées à la Crim' sont, la plupart du temps, à la fois spécialisés, compétents et chevronnés. Totalement indépendants, ils ne s'inscrivent pas nécessairement dans la ligne du Parquet. Ce qui peut parfois être à l'origine de situations embarrassantes – par exemple, lorsque le procureur vous demande : « Dites-moi, quel est l'état d'esprit du juge sur cette affaire ? »

Difficile encore de ne pas trébucher quand la ligne de crête sur laquelle vous évoluez devient trop étroite : Olivier Foll, policier rigoureux et légaliste, a été limogé par Jean-Pierre Chevènement au motif qu'il avait refusé d'assister un juge lors d'une perquisition chez Jean Tibéri ; pour ma part, j'ai temporairement été évincé par Charles Pasqua, en vingt quatre heures, parce que j'avais assisté à une perquisition chez Michel Roussin, directeur du cabinet de Jacques Chirac et ainsi obéi aux injonctions du juge... Allez comprendre.

Autre situation inconfortable à laquelle j'ai été confronté à plusieurs reprises, lorsque, par exemple, le juge m'a demandé de lui donner ma parole d'honneur que je ne viendrais pas aviser quiconque d'une décision qu'il s'apprêtait à prendre : perquisition chez un homme politique de premier plan, arrestation d'un parrain corse lié à tout l'appareil politique, ou encore, mise en garde-à-vue d'un sportif mondialement connu... Je n'ai renié aucun de mes engagements. Beaucoup de politiques me l'ont reproché, comme quelques procureurs qui n'avaient pas été avisés. Mais une parole d'honneur, ça sert à quoi ?

Au début des années 1980, sont apparus ceux que j'appelle volontiers « Les nouveaux juges », des magistrats avec lesquels se sont tissés des liens d'une tout autre nature. Jusqu'à cette époque, leurs prédécesseurs étaient dans leur tour d'ivoire et chacun ignorait superbement l'autre. Ces nouveaux juges sont donc arrivés, et ils ont commencé à se multiplier... Au Parquet, sous l'impulsion de Laurent Davenas puis celle de Michèle Bernard-Requin ; à l'Instruction, simultanément, sous celle de Claude Hannoteau, premier juge d'instruction à concevoir différemment son rôle de directeur d'enquête. Ils étaient coiffés par des seigneurs tels que Bruno Cotte ou encore Jean-Pierre Dintillac : je ne me souviens pas d'avoir rencontré de décideurs dotés d'un sens moral et des responsabilités plus élevé que le leur. Pour les avoir beaucoup pratiqués, je dois reconnaître que leur fréquentation m'était infiniment plus agréable que celle des préfets. En outre, la proximité géographique de leur bureau avec ceux du 36, moins de cent mètres, facilitait grandement la fréquence et l'étroitesse de nos contacts. J'ai eu, dans le cadre de nos échanges, affaire à des femmes et des hommes cultivés, pondérés, d'une grande sûreté de jugement. Aucun d'eux ne m'a trahi, jamais. Leur amitié et leur fidélité m'ont accompagné durant des années, quels que fussent les aléas auxquels ma carrière a été confrontée ; ils étaient là lorsque venaient m'effleurer les ailes de la réussite ou se poser sur moi l'ombre du désaveu.

Au début des années 1980, Laurent Davenas, chef de la section des flagrants délits, a totalement bouleversé les rapports jusqu'alors entretenus avec le Parquet. Extraordinairement mobile au plan intellectuel, il arrivait chaque matin avec une idée nouvelle – à la longue, cela peut d'ailleurs se révéler un peu éprouvant. Il suivait les affaires de très près – trop, à en croire le désarroi du directeur qui remontait jusqu'au cabinet du préfet. Selon eux, ce que faisait la police, même judiciaire, ne le regardait pas outre mesure. Mais tel était Davenas, un pionnier à sa manière. À mon avis, il se tenait cependant dans son rôle ; et j'ai pu constater combien il pouvait se montrer fin négociateur dans le contexte d'une prise d'otages. Je garde le souvenir de son efficacité lorsque, me trouvant à ses côtés et ceux de Claude Cancès, rue Nicolo à Paris, le 24 novembre 1983, il a obtenu la reddition de Lionel Cardon. Celui-ci, après avoir assassiné en Gironde un médecin et sa femme, abattu un brigadier de police et en avoir blessé un autre, s'était réfugié chez une avocate qu'il menaçait de son arme ainsi qu'une journaliste. Ce jour-là, la complémentarité – voire l'osmose – entre la Crim', la BRI (Brigade de recherches et d'intervention) et le Parquet a été totale. Dans ces situations, on ne manque pas de chefs, il y en a trop. La difficulté est de réaliser la confiance dans l'équipe. C'est Davenas, encore, qui a mis en place, avec le docteur Diamant Berger les Urgences médicales judiciaires de l'Hôtel Dieu à Paris – elles deviendront un partenaire incontournable. Ce service permettra aux policiers du 36 comme à ceux de toute la capitale d'obtenir le secours et l'expertise de médecins spécialement formés et habilités à répondre à leurs questions. Il assurera également l'examen médical des victimes selon des critères bien normés.

Lorsque le moment était venu d'ouvrir une information, le procureur s'arrangeait toujours pour que fût en place, le jour de la transmission de la procédure, un juge de permanence dont il savait par avance qu'il se montrerait à la hauteur de la situation. Et dans le cadre d'affaires particulièrement difficiles, nous attendions avec impatience, bien évidemment, de connaître son nom. C'était d'autant plus important que nous allions être appelés à nous voir plusieurs fois par jour. Pendant des mois, j'ai ainsi découvert ce que pouvait être la solitude du magistrat et le poids parfois incommensurable de ses responsabilités. Le cas de Gilles Boulouque m'a bouleversé. Boulouque était un homme vif, courtois, disponible, et sa compagnie était un plaisir. Jusqu'au jour où éclate l'affaire Wahid Gordji, en novembre 1987... Gilles Boulouque souhaite alors l'entendre dans le cadre des attentats attribués à Fouad Ali Saleh, commandités par l'Iran, qui sont survenus à Paris un an plus tôt. Mais l'interprète choisit de se réfugier dans l'enceinte de son ambassade. Charles Pasqua, alors ministre de l'Intérieur, entreprend un marchandage avec les Iraniens qui a pour effet la libération de deux otages français au Liban, des journalistes : Roger Auque et Jean-Louis Normandin.

Wahid Gordji finit néanmoins par être entendu par Boulouque – qui ne retiendra aucune charge contre lui – et il s'envole peu après à destination de Téhéran. La presse remet violemment en cause l'indépendance du juge Boulouque, lequel est par ailleurs écœuré de l'exploitation politicienne faite autour de la libération des deux Français. Quelques mois plus tard, la chancellerie donne suite à une plainte de Fouad Ali Saleh et le juge se voit inculpé de « violation du secret de l'instruction ». C'en sera trop pour Boulouque. Parfois, il venait le soir à mon bureau où il s'attardait. Il me faisait part de ses doutes, des attaques injustes qui l'accablaient – alors, me semble-t-il, qu'il était l'un des rares à avoir la conscience limpide dans ce dossier. Sa détermination s'en est trouvée entamée. Son moral a vacillé. Et puis un soir, il est seul. Fatigué. Il a une arme à portée de la main. Et il met fin à ses jours. Je pense très souvent à lui. Je sais qu'il y a des affaires qu'aucun magistrat, aucun politique, aucun haut fonctionnaire n'est en mesure de porter s'il se sent renié. Quelques années plus tard, c'est la solitude d'Eva Joly, chargée d'instruire l'affaire Elf, qui me bouleversera, tant je l'ai vue abandonnée de tous face à ses responsabilités…

Dans leur grand ensemble, les juges de cette époque sont dotés d'une très forte personnalité. Avant de connaître un destin de premier plan, Jean-Louis Debré a été un magistrat apprécié de tous les flics du 36. Ouvert à toutes les suggestions, toujours présent, spirituel, sa façon de diriger les enquêtes comme les certitudes tranquilles qu'il savait nous faire partager avaient un côté apaisant. Souvent, la confiance entre le juge et l'enquêteur est parfaite ; et il n'est pas rare, d'ailleurs, que s'établisse entre eux une forme de complicité. Dans ce cas de figure, ils se disent tout – même ce que l'un ou l'autre ne devrait pas savoir… Le policier fait part d'écoutes téléphoniques ou de notes des RG, voire d'éventuelles confidences des politiques ; le juge, lui, fait état d'éléments qu'il tient des avocats, de certaines rumeurs, des pressions du Parquet… Et les décisions importantes sont prises d'un commun accord.

Les grandes affaires criminelles d'alors sont traitées par des juges de la trempe de Guy Joly, Martine Anzani, Jeanine Dray, Catherine Courcol ou encore Yves Corneloup… Guy Joly, par exemple, était un redoutable procédurier, provocateur et spirituel, dont j'appréciais le courage intellectuel. Outre leurs qualités respectives, ce que je retiens aujourd'hui, alors que je me penche sur les années durant lesquelles j'ai eu l'occasion de travailler avec les gens remarquables que je viens de citer, c'est qu'aucun d'entre eux ne m'a jamais trahi. Aucun d'eux n'a manqué à sa parole. Nous avions pour habitude de déjeuner ensemble, l'ambiance était confiante et chaleureuse. Parfois, ils venaient aussi à l'étage échanger quelques propos avec le groupe. J'ai remarqué que lorsque l'enquête prend une tournure politique, voire mafieuse, le policier est l'objet de trop de pressions contradictoires pour pouvoir s'en sortir seul ; une situation que le juge est parfois appelé à connaître lui aussi – il ne faut jamais l'oublier.

- VI -

La principauté de Lutèce... et ceux qui la peuplent

Je regrette de constater combien les rapports entre les hommes ont changé ; aujourd'hui, chacun a peur de son ombre : les policiers sont devenus au fil du temps des fonctionnaires comme les autres qui rendent des comptes, un parapluie ouvert à la main, à des magistrats du Parquet qui, eux, sollicitent à tout instant des instructions relatives à l'action qu'ils doivent mener. À ceux qui souhaitent la suppression des juges d'instruction, je voudrais simplement rappeler ceci : trente-cinq ans de police judiciaire m'ont convaincu qu'ils sont indispensables à la démocratie. Dans le cadre d'une co-saisine à plusieurs – justifiée par la complexité d'une affaire – ils peuvent se révéler les derniers en mesure de faire valoir la vérité. Comparé à notre propre train de vie et, *a fortiori*, à celui du corps préfectoral, la République leur réserve des conditions de travail calamiteuses : ni voiture ni chauffeur, peu de greffiers mis à leur disposition, des bureaux inadaptés dotés d'un réseau informatique indigent. C'est, à mes yeux, une administration sinistrée. Cela résulte-t-il d'une volonté délibérée ? Si tel est le cas, nous sommes dans le cadre d'une vision à court terme.

Les juges antiterroristes ont succédé à la Cour de sûreté de l'État en 1981. Je puis affirmer, pour avoir travaillé sous ses directives, que cette juridiction – précisément parce qu'elle était d'exception – se révélait particulièrement respectueuse du Droit : elle suivait les procédures à la virgule près et exerçait un contrôle permanent des services.

L'inspirateur, puis le chef de file du Parquet antiterroriste – lequel s'est donc vu appelé à remplacer cette juridiction – a été Alain Marsault. Plus flic qu'un flic, adorant le terrain, direct, rabelaisien, il était à la fois un homme courageux et fidèle. Les enjeux liés à ses prises de décision étaient toujours considérables. Il a créé, de fait, la doctrine et la jurisprudence de son service. Armés, accompagnés de gardes du corps et connus d'un large public, les juges affectés à l'antiterrorisme considéraient les magistrats de droit commun avec une certaine condescendance – laquelle, bien évidemment, leur valait de nombreuses jalousies, des dénigrements de toute sorte, voire des lazzis. Cependant, et alors qu'elle se trouvait sous ma coupe, la section antiterroriste de la Brigade criminelle a toujours entretenu avec eux des rapports étroits et professionnels ; la plupart du temps, ils étaient même empreints de cordialité.

Ces juges de « La galerie Saint-Éloi » étaient très différents dans leur nature comme dans leur fonctionnement de ce que nous avions connu auparavant. Sous la houlette du juge Bruguière – surnommé « l'Amiral » depuis qu'il a prétendu avoir effectué une mission outre-mer à bord d'un navire escorté d'un sous-marin –, les dossiers étaient répartis entre Gilbert Thiel, Jean-François Ricard et Laurence Levert. Si je devais résumer la personnalité de chacun, je dirais que le premier était aussi efficace et indépendant que fantasque ; le deuxième, discret et obstiné ; quant à la troisième, c'était un bourreau de travail animé d'une volonté sans faille. Tous connaissaient leurs dossiers à merveille et ne s'en laissaient pas redire. J'ai cependant regretté que certains parmi eux aient parfois considéré le ministre de l'Intérieur comme étant leur chef : ils ont, de ce fait, perdu une part de leur légitimité à mes yeux. Reste que le niveau de responsabilités et les choix qui étaient les leurs sont à même de donner le vertige. Aujourd'hui, ces juges sont parvenus à instaurer le meilleur équilibre possible entre l'efficience et le respect des droits. Ils sont, à mon sens, les seuls capables, de par le monde, d'exploiter judiciairement des renseignements relatifs à une conspiration ou un projet d'attentat.

Autre interlocuteur incontournable, le préfet de police... En général, il n'aime pas la police judiciaire et ne goûte pas spécialement les autres préfets. Alors que, statufiées, les autres directions se tiennent devant la porte de son cabinet le petit doigt sur la couture du pantalon, la PJ ne dépend pas de lui – elle échappe à son contrôle dans la mesure où il n'est pas habilité à lui donner des ordres ; c'est un peu un caillou qu'il trimballe dans sa chaussure durant tout son mandat sans jamais être en mesure de l'extraire. Le préfet nous demande donc de l'alimenter autant que faire se peut en statistiques et de l'informer en temps réel de tout ce qui est à même d'intéresser l'opinion publique – et donc, les politiques par voie de conséquence. Il n'a pas davantage le pouvoir d'interférer sur l'issue des dossiers ou leur *modus operandi*, ce qui peut parfois être à l'origine de situations ubuesques. Philippe Massoni, préfet de police de Paris de 1993 à 2001, m'a a plusieurs reprises affirmé :

– Quand on ne peut maîtriser une situation, Riou, il faut toujours faire l'âne… Genre : Code de procédure, m'avez-vous dit ? Mais de quoi ? Je n'y entends rien… Voyez donc cela avec le procureur.

Il lui est cependant arrivé de s'impliquer totalement dans certaines affaires sans que cela m'offusquât outre mesure. Je pense notamment à cette série de meurtres perpétrés à Paris par Thierry Paulin, entre novembre 1984 et janvier 1986, dont les victimes étaient toujours de vieilles dames. La psychose qui s'était emparée de certains quartiers de la capitale a justifié son intervention puisque l'ordre public était bel et bien menacé. C'est, dans le cadre de cette affaire Paulin, la seule fois de ma carrière où il m'a été donné de voir un ministre de l'Intérieur – en la personne de Pierre Joxe – se déplacer sur une scène de crime ; il est à noter que le préfet, quant à lui, s'il se rend toujours sur les lieux d'un attentat, ne met jamais les pieds sur ceux d'un homicide.

À cette époque, le préfet nous donne les moyens de travailler, s'informe jusque dans les moindres détails des affaires importantes, en réfère auprès des instances supérieures ; et ce, sans que quiconque vienne à se soucier du secret de l'instruction, puisqu'il est alors pleinement dans le cadre de ses fonctions. Aujourd'hui, j'éprouve un certain malaise lorsque je vois des préfets – tous de parfaits démocrates au demeurant – diriger sur le terrain des opérations de Police judiciaire, certains allant même jusqu'à pérorer devant des caméras à propos de tel ou tel dossier.

Il arrive que, parfois, sous le feu de la curiosité, un préfet vous demande avec une certaine insistance le contenu d'un scellé ou les révélations apportées par une audition. Cela a toujours lieu, cependant, dans les limites du raisonnable, et je n'ai jamais vu, pour ma part, quiconque remettre copie d'une pièce de procédure au préfet. Lorsque les grands commis de l'État sont de qualité, ce qui est presque toujours le cas, Montesquieu – à qui l'on doit *De l'esprit des lois* – comme la séparation des pouvoirs y trouvent toujours leur compte.

Napoléon a inventé le préfet de police aux fins de diluer l'importance du directeur général de la Sûreté. Dans leur grand ensemble, les OPJ ont compris que tenter de diviser pour régner était un objectif à courte vue, et, pour ma part, j'évoquerai ces propos qui m'ont été tenus par un préfet – je tairai son nom par charité – lorsque j'ai endossé mes fonctions de directeur du 36 :

– Riou, m'a-t-il dit, vous n'avez aucun compte à rendre au Directeur général, il n'est qu'un chef de bureau ; ce que vous faites ne regarde pas votre directeur central ; quant au procureur, il n'est pas concerné... Votre seul chef, c'est moi. Et si vous l'oubliez, vous êtes un homme mort.

Je n'ai, bien évidemment, respecté aucune des instructions qu'il m'a données. L'expérience m'a appris que lorsque l'on arrivait dans son antichambre, il fallait avoir les mains vides et ne pas trop connaître ses dossiers – ou tout au moins lui donner cette impression – pour ne pas avoir à répondre à des questions qui n'étaient pas de sa compétence...

Les préfets de police sont toujours, par définition et de fait, des individus extrêmement intelligents dont les méthodes sont on ne peut plus différentes : je crois qu'elles sont aussi nombreuses et variées que les hommes qui se sont vus appelés à supporter le poids de cette fonction. *Primus inter pares*, « Premiers entre les égaux », ce sont des personnages considérables qui ont pour mission d'apaiser, d'informer, de commander et qui, pour y parvenir, vont, comme le mesuré Jean Paolini, recourir à la suggestion et vous souffler de doctes sentences à l'oreille. Ou, comme Guy Fougier, recourir à la remontrance : « Mais pourquoi vous n'arrêtez pas Action Directe ? J'en ai marre de me lever toutes les nuits pour me déplacer sur les attentats ». Variante du même Guy Fougier : « J'apprends que l'on tue à Paris ; enfin, Riou, faites quelque chose... » Il s'amusait à jouer les candides et savait cependant contrôler les événements et diriger les hommes avec une rare maestria. J'ai aussi en mémoire les philippiques de Pierre Verbrugghe, ses « Je me moque du ministre de l'Intérieur, je ne rends compte qu'au président » adressés à la cantonade. Et ses prémonitions telles que : « Comment ça un ordinateur dans mon bureau ? Vous n'y pensez pas : on retrouverait tout... » Les chuchotements de Massoni, Machiavel aux petits pieds mais Machiavel quand même, m'ont longtemps accompagné : « Faites comme moi, Riou, dites toujours oui et souriez... » Malgré son goût immodéré du renseignement, j'ai toujours considéré qu'il a été un grand serviteur de l'État. Et s'il s'appliquait à ne jamais dire la vérité, je crois que c'était pour la bonne cause.

Je ne saurais dire qui, parmi ces préfets que j'ai eu l'occasion de côtoyer, s'est révélé le meilleur ; en revanche, je puis affirmer que tous ont fait preuve d'une efficacité impressionnante. Par grand beau temps, la machine tourne toute seule ; quand survient un coup de tabac, ces hommes-là peuvent sauver la République.

Et c'est au plus fort des intempéries que la PP – « État dans l'État » ou « Principauté de Lutèce », comme on la surnomme un peu par dérision place Beauvau – est à même de donner son meilleur. Je n'ai jamais vu durant ma carrière d'administration au fonctionnement aussi parfait. Alors, oui, il est dommage que, ces derniers temps, le préfet de police ait tendance à suivre de trop près le déroulement des affaires judiciaires et à solliciter des informations qui ne relèvent pas de son ressort. Le phénomène était beaucoup plus nuancé il y a de cela quelques années, et il convient aujourd'hui d'imaginer le pire pour être en mesure de l'anticiper… Sans être prophète, je puis affirmer qu'un jour de scandale, alors que tous les échelons auront « de la confiture sur les doigts », le château de cartes s'écroulera. L'expérience m'a montré que les préfets et ministres peuvent parfois être atteints d'amnésie, alors que la justice, elle, a plutôt bonne mémoire. Et, *in fine*, elle a toujours le dernier mot.

Il serait inéquitable de ne pas aborder ici les autres services de police auxquels le quotidien des flics de la Crim' est étroitement mêlé. Celui avec lequel la complémentarité s'est révélée la plus évidente, la plus naturelle, est indiscutablement la BRI – la Brigade de recherche et d'intervention – qui est longtemps restée empreinte de la personnalité de Robert Broussard,

« tombeur » de Jacques Mesrine. Pour ma part, je dois dire qu'il m'a été donné de travailler en osmose avec ceux qui y ont officié ; je pense à Claude Cancès, Jean-Pierre Birot – l'homme le plus merveilleux qu'il m'a été donné de connaître – ou Jean-Marc Bloch, côtoyé lors de la longue traque d'Action Directe. Sans entrer dans une énumération par trop fastidieuse pour ceux qui me lisent, me viennent aussi à l'esprit le nom de ces « chasseurs » bien incapables d'abandonner une piste pour peu qu'ils eussent flairé quelque chose d'anormal : Jean-Pierre Moreau, Bernard Pire, Gérard Marlet et d'autres encore. J'ai toujours été admiratif de leur calme, de leur sang-froid. Il faut avoir vu Jean-Pierre Birot, le cuir chevelu ouvert par une balle, revenir au 36, comme si de rien n'était, après s'être accordé quelques larmes à mettre sur le compte de l'émotion et cinq minutes pour recouvrer ses esprits. Ne croyez pas que ces hommes soient trempés dans le métal de « Robocop » : non, ils sont comme vous et moi, ils ont peur et ils doutent !

Là encore, j'ai pu constater que ce sont les hommes qui font les services et non l'inverse. La Crim', il est important de le souligner, n'a ni les moyens ni les compétences nécessaires à mener à bien les filatures ou les interpellations difficiles. Alors, avec les gens de la BRI, on se sentait invincibles. Il n'existait pas de rivalités puisque nous étions complémentaires – même si, le soir, à l'occasion de retrouvailles amicales, les noms d'oiseaux fusaient entre « Petits marquis » et « Gros bras ». En cas de coup dur, nous étions ensemble, de jour comme de nuit, il n'y avait ni week-ends ni récups ; et il ne serait venu à l'esprit de personne d'en demander.

Les rivalités existaient, certes, mais ailleurs : c'est plutôt avec la 6e DCPJ, ancêtre de la Division nationale antiterroriste (DNAT), que nous avions maille à partir. C'était même la guerre permanente. À l'époque, ce service centralise au niveau national la répression judiciaire des actes de terrorisme. Bien évidemment, il empiète sur le pré carré de la « Principauté de Lutèce ». Il en résulte alors des conflits interminables, et notamment lorsque ce service est dirigé par Roger Marion, appelé à devenir mon adjoint lorsque je rejoindrai la Direction centrale.

Aujourd'hui, la Crim' a perdu la guerre : elle a été supplantée par la D.N.A.T (Division Nationale Anti-Terroriste) – et la S.A.T, la section antiterroriste de la Crim', ne traite plus guère que les menaces. Ce qui n'a d'ailleurs, dans l'absolu, absolument rien de choquant…

À chaque fois que la Crim' a à traiter une affaire importante, elle se rapproche des RG, les Renseignements généraux. Échange de bons procédés : il n'est pas rare qu'ils viennent glaner des informations quand nous traitons un dossier à même de les intéresser. Quitte à subtiliser quelques documents lors des perquisitions auxquelles on les autorisait à nous accompagner. Je dois cependant avouer que je n'ai pas encore bien compris quelle est l'utilité du travail fourni par les RG dans une démocratie comme la nôtre. Leurs notes, appelées « blancs », sans en-tête, non signées, concernent souvent la vie privée quand il ne s'agit pas de la vie intime ; de rumeurs de caniveau en compte-rendus de fin de repas, je les vois comme d'assez proches parentes de la lettre anonyme. Ces « blancs », que l'on peut qualifier de douteux puisque nourris de ragots, de fausses réquisitions judiciaires adressées aux banques ou au Trésor public – qui me revenaient parfois « pour paiement » – n'apportaient strictement rien à nos enquêtes. La nature et le niveau de ces notes étaient d'ailleurs pour moi l'objet d'une honte que mes collègues des RG, eux, n'éprouvaient pas forcément. Leurs rédacteurs, de surcroît, refusaient qu'elles fussent produites devant la justice ; et, bien évidemment, ils refusaient également d'être entendus ou de témoigner.

Les services chargés de la lutte contre le terrorisme et tout spécialement ceux qui avaient pour mission de renseigner sur l'ultragauche, voire de l'infiltrer, nous étaient, en revanche, d'une aide précieuse. Même si nous ne pouvions en faire état, nous tenions compte de leurs orientations. Il fallait néanmoins procéder à une forme de sélection, car les gens de ces services avaient endossé la doctrine de Pierre Lazareff, fondateur de *France-Soir*, selon lequel une information et un démenti, cela fait deux informations. Je me souviens d'un week-end durant lequel j'ai dû monter une opération antiterroriste dans l'urgence à la suite de l'une de ces notes. Son auteur, que j'ai joint au téléphone, m'a alors affirmé : « T'en fais pas, ça ne vaut pas un clou. Mais tu comprends, ça fait une info… »

Je n'en ai rien dit à mes supérieurs – et rien non plus aux officiers mobilisés par mes soins, puisque j'avais, de ce fait, gâché leur week-end.

N'est pas Fouché qui veut, donc ; alors, les renseignements les plus sérieux, c'est auprès de la DST que nous les récupérions. Sans doute parce que leurs services étaient autrement plus rigoureux, rompus à une somme de procédures et connaissant parfaitement le poids des mots. La confiance et l'entente se sont révélées totales grâce au talent de son sous-directeur, Jean-François Clair, et de bien d'autres encore. La fusion de ces deux services au sein de la DCRI, vœu de l'actuel président de la République, est, selon moi, des plus bénéfiques. Je suis convaincu que nous avons ainsi le service le plus efficace en Europe – voire au monde…

- VII -

Tous « partenaires »

Tout au long de ma carrière, j'ai entretenu d'excellents rapports avec les gendarmes. Nous sommes liés, je crois, par une complicité à nulle autre comparable : elle unit ceux qui se livrent à l'investigation. Et celà crée une communauté d'esprit supérieure à celle qui nous lie aux responsables du seul ordre public. Je me souviens encore de la visite protocolaire qui m'a été rendue dans mon bureau de directeur central par le nouveau major général de la gendarmerie... Celui-ci, sourire aux lèvres, m'a affirmé : « Vous et moi nous entendrons toujours bien si vous ne nous prenez pas pour des cons... »

Voilà qui avait le mérite de la clarté mais n'a jamais, cependant, figuré au nombre de mes intentions. Quelques policiers ont le tort de ne pas avoir encore réalisé combien la plupart des gendarmes des brigades de recherches sont d'excellents enquêteurs ; leur niveau est bien souvent celui qu'ils revendiquent. La PJ travaille régulièrement avec eux, et il est à noter que les représentants de la base entretiennent de bien meilleurs rapports que les chefs qui, de part et d'autre, manifestent une légère tendance à la paranoïa ; les échanges avec les hommes de la Crim', quant à eux, sont plus épisodiques. Je garde cependant en mémoire le désarroi de bien des gendarmes, et en particulier celui du Commandant Beau – dont l'honneur sera lavé bien plus tard –, quand ils ont été « dépossédés » de l'affaire des Irlandais de Vincennes, et ce au profit de la Crim'…

L'expérience l'a toujours montré : à chaque fois que l'on crée des structures hors hiérarchie – en l'espèce la cellule élyséenne, en 1982 – avant de sombrer dans la honte, on aboutit toujours à des catastrophes, qui peuvent valoir à des innocents de croupir durant neuf mois en prison.

L'existence, depuis plusieurs années maintenant, d'Europol et du Système d'information Schengen (SIS), permet à chaque enquête de revêtir, si le besoin s'en fait sentir, une dimension européenne. Tout cela est aujourd'hui parfaitement rôdé et maitrisé, et ainsi, lorsqu'un individu est recherché en France, il l'est automatiquement dans l'ensemble des pays de l'espace Schengen.

Outre les Italiens et les Espagnols, partenaires permanents dès lors qu'il s'agit de coopérer dans la lutte contre le terrorisme, nos services échangent constamment des informations avec le FBI et la CIA. Sous-chef à la Crim', il m'a été donné d'y effectuer des stages à leur invitation, ainsi qu'au BKA allemand, le Bundeskriminalamt. Ceux-ci ont eu pour effet de me permettre d'établir des contacts particulièrement efficaces avec des collègues qui, depuis, sont souvent devenus des copains – nous nous connaissions bien et la confiance était aussi réciproque que totale. Qui ne se souvient, au 36, de Mike Zinck du F.B.I, colosse au crâne rasé qui s'y sentait aussi à l'aise que moi-même ? Ou encore des Docteurs Mager et Kersten du B.K.A... En Allemagne comme en Italie, tout le monde est docteur au sortir de ses études supérieures. Jamais, force est de le constater, nous n'avons été, du fait de ces échanges, conduits pour autant à renoncer à notre indépendance en matière de décisions. La coopération se révèle toujours fluide et efficace avec les pays à structure centralisée et jacobine comme le nôtre ; elle se révèle cependant difficile, voire impossible, avec ceux où a été instaurée une organisation fédérale ou municipale.

Organiser en pleine nuit la filature d'un terroriste, ou celle d'un meurtrier présumé, sur le point de franchir une frontière, est un exercice de style auquel a été confronté tout commissaire de la Crim'. Les choix peuvent se révéler lourds de conséquences quand, à deux heures du matin, quelqu'un vous demande :

– Chef, on est derrière lui, il passe en Allemagne... Qu'est-ce qu'on fait ?

Ou, à l'inverse, lorsque c'est le collègue italien ou espagnol qui vous alerte en ces termes :

– Venez vite prendre le relais, nous sommes au péage dans deux heures.

La commission rogatoire internationale n'est pas toujours prête... On régularisera plus tard. En attendant, il faut savoir « arrêter les montres » et croiser les doigts pour qu'il ne se passe rien de grave. De toute façon, vous n'avez que quelques minutes pour prendre la bonne décision...

Selon l'article 11 du Code de procédure pénale, « La procédure en cours de l'enquête est secrète ». Seul le procureur de la République est autorisé à communiquer sur les affaires – une faculté qu'il n'utilise, d'ailleurs, que depuis peu. Nos sociétés modernes ont droit à un minimum d'information et il incombe aux journalistes de la leur fournir. Comment satisfaire aux obligations du métier qui est le leur, cependant, quand l'on considère la teneur des communiqués officiels qui leur sont proposés ? Jugez plutôt de l'indigence qui caractérise ceux-ci la plupart du temps : « J'ai donné des instructions pour que toute la lumière soit faite » signifie que l'auteur de ces propos n'a strictement rien à dire.

« Les enquêteurs ne privilégient aucune hypothèse », Voilà qui signifie en clair, « Nous sommes confrontés à une affaire à laquelle personne ne comprend quoi que ce soit ».

« J'ai confiance en la Justice de mon pays » peut se traduire par : « Une catastrophe judiciaire est susceptible de nous tomber dessus à tout instant. »

« L'émotion palpable », « la création d'une cellule psychologique » et « la situation inacceptable » appartiennent également à la catégorie des poncifs usuels dont plus personne ne saurait se satisfaire. Le journaliste va donc s'employer à rechercher – et à trouver – des informations plus pertinentes ; et pour y parvenir, tous les moyens seront bons. J'ai le souvenir de camionnettes de surveillance occupées par des reporters, de micros directionnels orientés vers mon bureau, et aussi d'invitations vers des destinations ensoleillées le week-end. Ces errements, je dois le préciser, sont le plus souvent le fait d'une presse de deuxième ordre…

Il fut un temps où l'AFP, l'Agence France-Presse, avait ses correspondants dans un local du 36. L'un d'entre eux, René Alazard, se considérait chez lui dans tous les bureaux de la Brigade criminelle ; il y entrait d'ailleurs sans frapper. Alazard écoutait tout, savait tout, et demandait ensuite, de sa voix rocailleuse que personne n'a oubliée, ce qu'il était habilité à publier. Et ce qu'il ne devait pas porter à la connaissance du public. Lorsque, pour une raison ou pour une autre, le correspondant se voyait interdire de transmettre à son agence telle information, il la diffusait néanmoins, celle-ci étant alors signée d'un autre nom que le sien. Jusqu'au jour où Alazard a provoqué les foudres du chef de la Crim', ce qui lui a valu, malgré l'amitié que nous lui portions tous, de se faire éjecter. Il n'a jamais été remplacé. Et le poste qu'il occupait n'existe plus. De cette époque, je garde une chose en mémoire : une affaire qui n'est pas relayée par l'AFP n'existe pas.

En dehors de la violation du secret de l'instruction, toute divulgation intempestive peut avoir pour effet de perturber gravement le déroulement d'une enquête – voire de décrédibiliser des aveux…

Je garde le souvenir d'une affaire durant laquelle un cadavre a été découvert dans un jardin public ; *Le Parisien*, avait alors abondamment relaté l'événement grâce aux éléments fournis par des enquêteurs. Un premier suspect va bientôt être interpellé, et celui-ci reconnaîtra immédiatement les faits – donnant à ceux qui l'entendent des éléments dont il a pris connaissance en lisant le quotidien. Quelque temps plus tard, c'est un second suspect qui est arrêté : il se trouve que sa perception de la réalité est altérée par la vinasse, et il livre à son tour des aveux à partir des faits relatés par la presse…

Manifestement perturbés l'un comme l'autre, ils souhaitaient simplement que quelqu'un s'intéressât à eux. Et les détails qu'ils fournissaient donnaient une certaine crédibilité à leurs aveux…

Lorsque je dis au juge « Monsieur, nous avons un suspect de trop », il me répond, non sans humour : « Peut-être même en avez-vous deux, Monsieur le Commissaire… »

Les rapports avec la presse sont du ressort du chef de la Crim'. Même si ceux-ci sont « hors la loi », ils sont indispensables : ils permettent aux journalistes de suivre une affaire sur la base d'informations fiables et de les relayer auprès de l'opinion publique – l'on comprendra que celle-ci peut légitimement prétendre à un discours officiel, non altéré par des années et des années d'une savante pratique de la langue de bois.

Il faut aussi savoir qu'il existe, de fait, une contrepartie à cela : les journalistes donnent au policier des informations sur les rumeurs qui circulent, les contre-attaques qui se préparent, les mutations qui se profilent... Certains m'ont indiqué quel était mon avenir proche avec davantage de précision que n'importe quelle pythonisse ; d'autres, m'ont permis « d'enfumer » l'adversaire à plus d'une reprise. Pareils exercices de voltige nécessitent une confiance mutuelle sans faille. En cas de loupé, il y aura toujours quelque magistrat pour vous mettre en examen au motif d'avoir violé le sacro-saint secret de l'instruction. Il est arrivé à nombre de mes collègues de se laisser filmer sur les lieux d'une affaire ou d'une arrestation – à la demande du cabinet du ministre – et de se retrouver inculpés dès le lendemain pour l'avoir accepté... Le politique est toujours avide d'images et de son pour illustrer une réussite policière. Alors, il incite les directeurs d'une enquête à participer à ce jeu. Cependant, dès que l'on reconnaît peu ou prou le mis en cause ou son domicile, le secret de l'instruction et la présomption d'innocence, que l'on sait à géométrie variable, sont mis à mal – la conséquence en est une mise en examen presque systématique. Ceci explique que l'on ne voit plus les affaires commentées que par les représentants syndicaux qui, pourtant, sont tenus aux mêmes devoirs ! Les flics ont compris depuis longtemps que pour vivre heureux ils doivent vivre cachés...

La presse française peut se piquer de compter d'éminents spécialistes du 36 en son sein. Je pense en particulier, pour ce qui concerne les quotidiens, à Patricia Tourancheau et Francis Zamponi (*Libération*), ainsi qu'à Hervé Gattegno et Eric Incyan (*Le Monde*) ; concernant les hebdomadaires, la palme revient à l'incontournable Jean-Marie Pontault (*L'Express*), ainsi qu'à Jean-Louis Reverier (*Le Point*) et Frédéric Ploquin (*Marianne*). La plupart d'entre eux sont devenus des amis.

Ces journalistes travaillent avec les mêmes méthodes que celles utilisées par les policiers... Ils voient les mêmes témoins et, de ce fait, arrivent souvent aux mêmes conclusions qu'eux : « Un journaliste, c'est quelqu'un qui a raté sa vocation », disait Bismarck. Du fait de leur longévité dans la presse, ils en savent autant – voire plus – que n'importe quel ministre sur les affaires et le fonctionnement de la Maison. Ils savent tout et savent garder pour eux ce qui ne doit pas être ébruité. Ils nous en apprennent aussi beaucoup – nous savons alors garder la stricte confidentialité de leurs propos.

Les journalistes sont les représentants d'un véritable « Quatrième pouvoir » que, curieusement, rien ne vient réglementer ; la législation sur la protection des sources leur permet de bénéficier d'une impunité véritable et de dégager leur responsabilité alors que rien ne le justifie vraiment. Ne sont-ils pas des citoyens au même titre que les policiers ou les magistrats ? Le chef de la Brigade criminelle prend un réel danger à s'y frotter. Il le doit pourtant – exercice incontournable auquel il se livre à ses risques et périls, à moins de vouloir se cantonner dans sa tour d'ivoire…

Ces échanges présentent surtout des dangers en raison de la rapidité avec laquelle circule l'information. L'horreur absolue, pour le politique, est de prendre connaissance d'une information par le biais d'une dépêche ou d'un article – et donc, de ne pas avoir eu le temps de s'y préparer. Le chef de la Crim', tout en se montrant respectueux du secret, se doit d'informer verbalement, puis par note, les hautes instances – et ce, autant que faire se peut, avant la diffusion d'une dépêche AFP. Il reste normal, de toute façon, que le pouvoir soit informé de tout ce qui peut, de près ou de loin, concerner l'ordre public, ou, plus simplement, l'opinion publique.

N'ayant pas toujours le temps de « recouper » suffisamment l'info qu'il va transmettre, le chef de la Crim' est appelé à prendre des risques quotidiens. Il informe verbalement et en temps réel, puis par écrit – comme je vous l'indiquais – chaque jour avant 18 h 30 : c'est en effet l'heure à laquelle le préfet va rendre compte au ministre. Au moment où il répercute, le flic sait que l'erreur comme l'approximation peuvent se payer cash. Pour ma part, j'ai commis une réelle bévue en décembre 1978, à la suite de l'attentat commis par un déséquilibré au Bazar de l'Hôtel de Ville, rue de Rivoli, à Paris. Durant la nuit suivant cet évènement, la surveillante d'un service où est hospitalisée l'une des victimes m'informe du décès de celle-ci. Je répercute sans que quiconque soit allé vérifier sur place. Jacques Chirac, alors maire de Paris, transmet ses condoléances. Il se trouve que l'infortunée n'a pas encore rendu l'âme. Embarras général… J'ai pris, à cette occasion, la plus belle engueulade de toute ma carrière.

La presse, en France, se montre responsable et modérée, ce qui facilite les échanges – lesquels, je le rappelle, reposent essentiellement sur la confiance. Celle-ci peut être parfois mal placée, et un journaliste a bien failli faire capoter l'arrestation de Guy Georges, le tueur en série qui a sévi durant les années quatre-vingt-dix. À cette époque, je suis directeur du 36 et Martine Monteil, chef de la Crim', m'appelle un soir, vers 21 heures. Elle m'annonce l'identification de Guy Georges par le Docteur Pascal, chef du laboratoire de Nantes – incontestablement le meilleur à cette époque. Nous nous retrouvons dans son bureau pour mettre au point un dispositif. Moins de deux heures plus tard, je commence à recevoir les premiers appels téléphoniques de la presse. Je confirme l'information aux journalistes, les suppliant de la taire jusqu'à ce que l'opération soit menée à son terme. Tous s'y engagent. Tous tiendront parole. Sauf un. Un irresponsable... Il s'en trouve dans chaque corporation, me direz-vous. Toujours est-il que celui-ci diffuse la nouvelle, tôt le matin, sur une radio périphérique. Guy Georges, bien évidemment, l'entend. Il sera fort heureusement arrêté quelques instants après, alors qu'il s'apprêtait à quitter la capitale.

J'ai toujours considéré qu'à l'instar de certains responsables politiques – il s'en rencontre d'ailleurs au niveau le plus élevé –, les journalistes ont tendance à perdre de vue que « Tout homme est présumé innocent jusqu'à ce qu'il ait été déclaré coupable » (article 9 de la Déclaration des droits de l'homme et du citoyen). Cependant, c'est souvent grâce à ce rouage indispensable à la démocratie que l'opinion finit, tôt ou tard, par savoir ce qu'elle est en droit de savoir. Car ici, toujours, tout finit par être porté à la connaissance du plus grand nombre...

Que nos politiques se souviennent que nous vivons dans un monde limpide et que tout se sait, toujours...

Je n'ai jamais vu un secret le rester plus de quelques heures.

Autres partenaires obligés de la Crim', incontournables, nécessaires, voire indispensables, voici la cohorte des médecins légistes, des balisticiens, des biologistes moléculaires, des toxicologues et des spécialistes en explosifs... Ils sont le plus souvent compétents ; cependant, leur inscription sur la liste des

Cours d'appel laisse parfois perplexe. Les rentes de situation, comme les quasi-monopoles qui sont les leurs, m'ont souvent intrigué ; et l'entrisme dont ils font preuve dans les services, m'a parfois semblé abusif. Alors, faut-il ou non avoir recours à des laboratoires privés ? Et jusqu'à quel point faut-il prendre pour argent comptant les indications fournies par les « experts » ?

Je vous en laisse juger par vous-même…

Le 4 mars 1985, la Crim' est saisie à la suite de la découverte de cinq corps – trois hommes et deux femmes – dans un petit appartement de l'avenue d'Ivry, à Paris, XIIIe arrondissement. Les meurtres ont été commis au vingt-quatrième étage d'une tour, en plein cœur du quartier asiatique de la capitale. Les cinq personnes décédées sont d'origine cambodgienne. Constatations d'apocalypse… Je vous laisse imaginer le cauchemar. Du sang partout. L'enquête ne donne rien. Strictement rien. Chacun le sait, le milieu asiatique est particulièrement hermétique. La seule indication dont nous disposons a été écrite sur un mur, au crayon : « Les rescapés du génocide cambodgien ». L'autre élément à exploiter, même si cela risque de s'avérer difficile, c'est que les victimes ont été exécutées à l'aide d'une carabine 22 LR.

Les RG, puis la PJ, ont créé des groupes spécialisés pour œuvrer dans ce contexte particulier ; cependant, nous avons été contraints d'en convenir : le problème de la langue est souvent insurmontable, d'autant que les dialectes sont légion. Et puis, il n'est pas rare que les interprètes pratiquent le double jeu… Donc, nous n'avons pas le moindre élément tangible à nous mettre sous la dent. Pas le début d'une piste… Alors, comme la carabine 22 LR n'est pas une arme particulièrement « parlante », avec le juge, on décide de prendre le problème à l'envers. Les enquêteurs vont ratisser toutes les armureries de Paris et de sa grande couronne pour identifier les acquéreurs de 22 LR – ils se révéleront être des centaines. Ce travail de fourmi accompli, les voilà tous interpellés, et l'on effectue des tirs de comparaison avec l'arme dont chacun est propriétaire. Sans succès.

Et puis un jour, l'expert nous dit : « Je l'ai… »

Il y a cependant un problème… Le suspect ne colle pas du tout. Il n'a pas le profil du type qui va aller dans une tour abattre cinq personnes de sang-froid. Il est pharmacien, asiatique, père de famille – tous ses enfants sont concertistes –, et il n'a aucun lien avec les victimes. Une fois arrêté, il ne cesse de répéter : « L'arme est à moi, je ne l'ai prêtée à personne… Je ne sais pas de quoi vous me parlez. »

L'expert persiste dans ses affirmations. Il ne veut pas en démordre : l'arme utilisée avenue d'Ivry est celle du pharmacien. Devant le juge, je plaide en faveur de cet homme dont je suis persuadé qu'il ne peut porter la moindre once de responsabilité dans cette affaire. Le juge d'instruction est un juge chevronné ; pourtant, il me dit : « L'expert est infaillible. Présentez-moi l'intéressé… Je suis obligé de le mettre en détention. »

Avec mon adjoint, nous n'en avons pas dormi pendant des nuits et des nuits.

Un contre-expert a été nommé… Il a désavoué son collègue. Un troisième, dont les services étaient souvent sollicités par le BKA, la police allemande, a fait preuve de beaucoup d'humilité en déclarant : « Je ne sais pas… »

Le pharmacien, lui, a été libéré au terme de plusieurs mois passés en préventive. Je l'ai revu. « Ne vous en faites pas, je comprends. », m'a-t-il dit, tout simplement.

Alors, prenons garde… La police scientifique est une aide ; pas la panacée. L'empreinte génétique pourra indiquer que la salive est celle de Pierre ou que le sperme est celui de Paul. Mais elle ne sera pas en mesure de préciser si Pierre ou Paul ont tué. On voit aujourd'hui des braqueurs apporter sur les lieux de leur forfait des mégots qu'ils ont ramassés ailleurs. On a même vu, récemment, un violeur en série laisser à proximité de ses victimes des préservatifs usagés récupérés dans des poubelles.

Et puis il y a – comme partout – les erreurs de saisie informatique, de stockage, ou de numérotation…

- VIII -

ENTRE LES VIVANTS ET LES MORTS

Concernant les avocats, il en existe de deux sortes : il y a ceux qui plaident le fond et ceux qui recherchent le vice de procédure. Une erreur de rédaction dans un acte substantiel entraîne la nullité de tous les actes qui suivent – le meurtrier pourra, de ce fait, recouvrer la liberté. Certains avocats se sont spécialisés dans ce type d'exercice – bien évidemment au nom de la défense des libertés – et ils sont, d'une certaine façon, la hantise de tout policier en charge d'affaires criminelles. Dans le cadre d'un crime appelé à être jugé par une Cour d'assises, la « carrure » du défenseur de l'accusé sera toujours riche d'enseignements pour nos services. Je m'explique : si un petit voyou, le genre « deuxième couteau », a pour avocat un ténor spécialisé dans la défense du Milieu, cela va peut-être nous amener à reconsidérer la nature de l'affaire ; et il en sera de même si un maître du barreau habitué à plaider la cause de terroristes vient à se voir confier une affaire de droit commun…

La rencontre devant la Cour d'assises avec l'avocat du prévenu est toujours un exercice redouté ; il faut savoir que le commissaire y est toujours cité ainsi que quelques-uns parmi ses collaborateurs. Tout ce qui a été écrit est décortiqué, passé au crible, et il faut à nouveau prouver la véracité des éléments que nous avons fournis – point par point, sans recourir à la moindre note. Pourquoi, d'ailleurs, le policier, contrairement à l'expert, ne peut-il pas s'aider de notes ? Je peux vous assurer que dans une affaire longue et complexe, l'exercice n'est pas facile ! Que va faire l'avocat chevronné, habitué à la prise de parole en public ? Il va s'efforcer de déstabiliser son adversaire en recourant à la provocation. J'ai toujours eu pour règle, confronté à pareille situation, de ne m'adresser qu'au président – jamais à l'avocat. Cette « ficelle » permet ainsi d'éviter de s'emporter. Voilà qui est d'autant plus important que la confrontation peut durer plusieurs heures et que son déroulement aura souvent une incidence déterminante sur l'issue du procès. Certains vous affronteront « à la régulière » ; d'autres préféreront se mettre en quête de votre point de rupture. Je me souviens particulièrement des offensives de Maître Robaglia, avocat du Milieu corse et homme de parole ; de Maître Lemaire, véritable prince du barreau ; ou encore, de Maître Metzner, que je rencontrais souvent et en confiance pendant l'affaire Doucé… Il me sera donné de revenir sur celle-ci un peu plus loin.

S'il m'est accordé quelque légitimité pour en juger, je n'ai jamais, tout au long de ma carrière, rencontré de mauvais médecins légistes. Ils sont, la plupart du temps, des médecins en charge d'établir les incapacités consécutives à des agressions ou des accidents du travail et, face à la mort, je les ai toujours trouvés impressionnants de science et de modestie. J'ai connu et travaillé avec les plus grands d'entre eux : Piédelièvre, Desrobert, Bailly, ou encore Canapa…

Ceux que nous appelons les « découpeurs » – vous imaginez aisément quelle tâche est la leur – sont des gens sensibles, au moins autant que vous et moi, et ils exercent cependant un métier qui reste, j'en suis persuadé, l'un des plus difficiles au monde : ils coupent, manipulent, restaurent, recousent et maquillent… En somme, ces professionnels se chargent de tout ce que les médecins ne font pas. Le métier a pour caractéristique de regrouper de fortes individualités, et les vieux policiers se souviennent, par exemple, du « Chinois », un découpeur qui plantait ses bistouris dans les fesses des cadavres parce qu'il ne savait où les ranger…

L'Institut médico-légal, l'IML, où ont exercé certains personnages que je qualifierai de dantesques, se situe à proximité du quai de la Rapée, dans le XIIe arrondissement de Paris. Il recense quatre cents casiers réfrigérés accueillant les corps de ceux qui sont morts subitement ou sur la voie publique – autant d'histoires qui s'achèvent et de familles éplorées…

Le lendemain des catastrophes, aériennes ou autres, lorsque vient à manquer l'espace nécessaire afin que les cadavres soient entreposés dignement, ils sont entassés dans les couloirs où règne alors une odeur infâme. Il faut avoir vu cela, une fois dans sa vie, pour se convaincre que pareille abomination peut encore se produire de nos jours au cœur de la capitale. Pour ma part, je m'interdis à jamais de dire tout ce que j'ai vu et entendu dans cet endroit. Sans doute m'est-il encore trop pénible aujourd'hui de me remémorer le bruit de scies ouvrant des boîtes crâniennes ou la vision de poumons, de foies, ou de cœurs posés sur le plateau d'une balance. Vies sitôt emportées qu'elles sont exposées au regard inquisiteur d'autrui, morts privés de toute intimité : le repos leur est encore interdit. Et cette odeur immonde, cette odeur d'abomination…

Les corps sont parfois dans des états épouvantables – surtout ceux des noyés. Je me souviens à ce propos de la morgue avec laquelle un aristocrate parisien – alors que son fils venait d'être retrouvé dérivant au fil de la Seine – m'avait demandé :

– Monsieur le Commissaire, pourriez-vous me trouver un autre corps qui soit plus présentable ? Nous ne pouvons tout de même pas présenter cela à la famille…

Il faut l'avoir entendu pour le croire.

Une autre affaire, qui m'apparaît encore plus étonnante, me revient en mémoire. Elle s'est déroulée il y a plus de trente ans et se trouve prescrite aujourd'hui : je puis donc l'évoquer sereinement – ou presque. À la suite d'une erreur, fâcheuse il est vrai, des manipulateurs avaient inversé les fiches de deux cadavres et c'est donc un parfait inconnu qu'une famille éplorée avait accompagné dans son cercueil, à l'église tout d'abord et au cimetière ensuite. L'intéressé n'en fit pas grand cas, pas suffisamment, en tout cas, pour revenir d'entre les morts. Quant à la famille, elle n'en a rien su. Mais le plus dur restait à faire : il fallait présenter à l'autre famille un défunt qui n'était pas le sien... Bien que la mort ne fût pas récente et le corps en mauvais état, il fallait tout de même faire passer le subterfuge. Et ce n'était pas là chose aisée... Lorsque la hiérarchie a tout découvert, il était trop tard : le corps était six pieds sous terre. L'auteur de cette mascarade funèbre avait, semble-t-il, bien du talent. Nombre de flics de la Crim' l'ont connu. Il est mort depuis... Paix à son âme !

À la première autopsie, vous êtes déstabilisé. À la cinquième, vous voilà désabusé. Et à la vingtième, vous êtes devenu philosophe ; vous reviennent alors en mémoire les écrits de l'Ecclesiaste sur la vanité de toute action humaine : « Tout est absurde et inutile, disait le Sage, tout est dérisoire. » Sage ou fou, nous sommes, de toute façon, promis au même destin.

Je me suis toujours efforcé de fuir cet enfer autant qu'il m'était possible de le faire ; cependant, un policier de la Crim' se doit d'assister à toutes les autopsies. Il recueillera ainsi les premières impressions du médecin, et notamment celles qui, pour une raison ou pour une autre, ne figureront pas sur son rapport. C'est aussi le moment où le flic informera le praticien de ce qu'il sait de la vie de la victime, de son environnement, et de ses éventuelles addictions.

En 1988, l'arrivée du professeur Dominique Lecomte à la tête de l'IML en a bouleversé l'esprit et les pratiques : professeur de médecine, connue et reconnue, jolie femme, blonde et souriante, pleine de vie, elle a toujours considéré le défunt comme un patient et un être humain. Ses compétences scientifiques teintées d'un humanisme profond lui ont permis d'établir d'emblée tant un lien avec les familles des disparus – elle a été la première à savoir les accueillir dignement – qu'avec les enquêteurs...

Je reste encore stupéfait de ce qu'une autopsie est en mesure de révéler de la vie et la mort de chacun ; néanmoins, cette forme de profanation m'a souvent laissé sur un sentiment de malaise. Découvrir, sans qu'il m'y habilitât, qu'un homme fumait ou buvait trop, avait mangé du cassoulet la veille au soir, qu'une femme était vierge ou enceinte, voire porteuse d'une tumeur qu'elle ignorait et qui, de toute façon, l'aurait tuée rapidement, me donnait le sentiment d'avoir violé leur intimité. Je parvenais parfois à dissiper ce malaise en me remémorant cette formule d'un humoriste dont le nom m'échappe : « Le médecin légiste est le seul médecin à tout savoir de son patient. Malheureusement, il le sait vingt-quatre heures trop tard. »

Pratiquée à des fins judiciaires, l'autopsie d'un corps se doit d'être complète – le lecteur me pardonnera de ne pas entrer plus avant dans les détails. Cependant, lorsque la victime est une personnalité politique ou religieuse, des interventions peuvent survenir du plus haut niveau de l'État ; elles rappellent alors aux étourdis que tous les hommes ne sont pas si égaux, même devant la mort. Je me souviendrai longtemps des heures de discussion entre un représentant du Quai d'Orsay et le Parquet alors qu'un ambassadeur venait d'être refroidi. Le point à éclaircir était le suivant : l'abdomen de la victime devait-il être ou non considéré comme un territoire diplomatique ? Au final, le légiste a pu œuvrer, et l'affaire n'a guère connu de conséquences. Il n'en est pas toujours ainsi, hélas…

Concernant Robert Boulin, ministre du Travail dont le corps a été retrouvé à la fin du mois d'octobre 1979 dans la forêt de Rambouillet, une autopsie pratiquée de façon approfondie aurait permis de couper court aux rumeurs et supputations qui font que cette affaire n'a pas encore trouvé de véritable épilogue aujourd'hui. Aux yeux de certains, et notamment de quelques membres de sa famille, dont sa fille, Robert Boulin n'aurait pas mis fin à ses jours. Il aurait été assassiné…

Que s'est-il passé ?

C'est lorsque la Crim' sera saisie en 1984 – par commission rogatoire spéciale, aux fins de reprendre une partie de l'enquête – que je serai amené à comprendre le processus qui permet au doute de subsister encore, aux yeux de plusieurs proches du ministre, comme je vous l'indiquais, et aussi, de quelques journalistes. L'enquête a d'abord été menée par la PJ de Versailles ; je tiens à le préciser : aucune anomalie n'a été relevée dans la façon dont celle-ci a été conduite. Pour tous les policiers appelés à travailler sur cette affaire alors sensible, Robert Boulin s'est bel et bien suicidé : le ministre était miné par des lettres anonymes adressées à la presse, l'accusant d'avoir acquis, dans des conditions illégales, un terrain à Ramatuelle sur lequel il avait fait construire une résidence secondaire. Cette campagne qui le visait l'a certainement affecté au-delà de ce qu'il a laissé entrevoir à son entourage ; entourage, soit dit en passant, qui se trouvait être également à l'origine de quelques tourments, mais il ne m'appartient pas de les évoquer ici. Donc, en octobre 1979, Robert Boulin sait son inculpation imminente. Son intention de mettre fin à ses jours, il en fait part en utilisant sa propre machine à écrire, puis il poste lui-même les lettres qu'il a écrites. Il est en possession d'un tube de Valium quand il prend la direction des Yvelines. Y a t-il eu noyade ou non dans cinquante centimètres d'eau à l'Étang rompu, au cœur de la forêt domaniale ? C'est le flou maintenu sur cet aspect capital de sa disparition qui a généré nombre d'hypothèses, sans fondement à mon sens. S'il reste permis d'en débattre, aucune réponse définitive à cette question ne sera hélas apportée, jamais, dans la mesure où l'autopsie n'a pas été complète… Rien de machiavélique, aucune arrière-pensée ou la volonté de cacher quoi que ce soit à qui ce soit dans cette décision : c'est parce qu'il pensait « bien faire », qu'un proche du ministre est intervenu afin que le corps ne soit pas abîmé par une autopsie. Son souhait a d'autant été respecté, qu'il ne s'agissait pas d'une affaire criminelle – j'insiste : c'était déjà, au moment des faits, une évidence absolue. Mais la clarté est nécessairement suspecte, comme la mort d'un ministre de la République ne saurait être exempte de mystère. Aucun prélèvement, donc, n'a été effectué dans les poumons du défunt… La belle affaire, la belle aubaine : en effet, le scandale se vend toujours mieux que la vérité. Il n'en faudra pas davantage pour que des plumes en mal d'inspiration viennent à exploiter une théorie du complot toujours séduisante aux yeux d'un vaste public.

Je ne saurais achever cette mise en lumière des partenaires quotidiens de la Crim' sans évoquer les syndicats de police. Ils sont indispensables au bon fonctionnement de l'institution et lui apportent, de fait, plus d'avantages que d'inconvénients. Cependant, dans la mesure où j'ai vécu la panique générale de 1998 – quand ont été créés au 36 des comités de policiers qui ont pris de court syndicats établis et politiques – je ferai part de la teneur, parfois tendue, de nos relations.

Le « Schtroumpf » est le surnom de l'acronyme du syndicat majoritaire des commissaires ; je retiens, pour ma part, qu'il s'est souvent montré en ma présence davantage intéressé par la cylindrée des véhicules de service et le montant d'indemnités diverses que par la stratégie policière dans son ensemble. J'ai souvent eu du mal à percevoir sa vision de notre mission, comme j'ai toujours trouvé son corporatisme excessif vis-à-vis des officiers ou des gendarmes. Je me rappelle encore, alors que je proposais la promotion d'un commissaire, l'objection qui m'a été faite par son syndicat : « Impossible… Il ne paie plus ses cotisations ». Je n'évoque pas le cas de ceux qui étaient membre d'un syndicat « hérétique »…

Je me souviens aussi des rapports de force périodiques avec les syndicats d'officiers, et du cynisme de quelques-uns parmi ses représentants, qui pouvaient vous déclarer, les yeux dans les yeux : « Chef, demain on met la pagaille… On vous tient au courant, ne vous inquiétez pas, il n'y aura rien de grave… » Ils respectaient toujours leurs engagements.

Il faut en avoir conscience, les hommes des syndicats savent faire passer les messages, faire accepter les instructions ou les récriminations qui passent mal. Ils font aussi remonter avec intelligence les incompréhensions des gardiens et officiers que la hiérarchie intermédiaire occulte trop souvent pour laisser croire « qu'elle maîtrise ». Toutes les décisions importantes concernant les réformes, les mutations et les promotions, étaient préparées en bonne intelligence, même si, bien sûr, l'administration avait le dernier mot. Penser circonvenir ces hommes en les conviant aux petits-déjeuners ministériels ou en distribuant ici et là une casquette de sous-préfet, voire en bradant des postes dans les cabinets, relève de l'utopie. Et il faut garder présent à l'esprit que lorsque vient le moment de déminer une situation à haute teneur explosive, leur participation est capitale. Bref, ces hommes restent des partenaires incontournables avec lesquels, bon an mal an, les choses se passent plutôt bien. Et il faut reconnaître qu'ils ont su, qu'ils ont pu, désamorcer des situations de crise comme il y en a, de temps à autre, dans la Grande maison. De ces événements dont le 36 a le secret, comparables à des éruptions cutanées aussi soudaines qu'incontrôlables. La police, tout comme la justice, est faite d'une pâte éminemment humaine et ses acteurs, ces hommes et ces femmes avec leur grandeur et leurs bassesses, de quelque côté de la barrière qu'ils soient, peuvent parfois devenir les jouets d'événements qui les dépassent.

Ainsi va le monde…

- IX -

L'ENQUÊTE

Les romanciers et les scénaristes vous embrouillent… Contrairement à ce qu'ils s'appliquent à distiller dans l'esprit du public, une enquête se déroule suivant un protocole on ne peut plus rigoureux – si je dois établir une comparaison, celle qui me vient à l'esprit se déroule dans le cockpit d'un avion avant le décollage : c'est la « check-list ». Pas d'improvisation selon l'humeur ou la fantaisie de chacun, donc. Jamais. Une enquête progresse – ou non – dans le respect de règles immuables, bien définies, et ce afin d'éviter oublis et redondances.

« La police judiciaire a pour rôle de constater l'infraction, d'en rassembler les preuves et d'en rechercher les auteurs » selon l'article 12 du Code de procédure pénale. Ceux qui ont choisi de la rejoindre exercent un métier leur permettant, à l'instar de sociologues, d'explorer chacune des strates de notre société. Nous sommes tous formés, voire déformés, par le milieu social dont nous sommes originaires ;

en général, l'itinéraire de chacun ne l'éloignera pas trop de celui-ci au fil de la vie. Avec le médecin et le prêtre, le flic est donc une exception : il échappe à ce schéma bien agencé auquel est soumis le plus grand nombre. En effet, compte tenu de ses fonctions, il va être conduit à effectuer le grand écart entre l'invraisemblable misère des banlieues parisiennes et l'aristocratie du VIIe arrondissement. Il sera confronté à la haine viscérale d'une population qui évolue dans le non-droit comme à la morgue de parvenus confits dans le système.

Un flic va savoir passer du jargon du ferrailleur de Montreuil à celui du proxénète de Pigalle, ou encore, à celui de la crapule de quinze ans. Son quotidien va l'amener à découvrir et assimiler, au moins un tout petit peu, les traditions d'un juif orthodoxe, le mode de vie d'un vieillard installé en dessous du seuil de pauvreté depuis des années, les codes d'une prétendue méritocratie au même titre que ceux d'un restaurateur chinois… C'est là que réside la grande richesse de ce métier ; et pour ce qui me concerne, j'ai puisé dans la diversité des situations et des échanges, auprès de femmes et d'hommes aux trajectoires si différentes, la juste compensation de tous mes efforts.

Impossible de mener à bien une enquête si l'on n'a pas su, au préalable, appréhender le contexte à l'intérieur duquel évoluait la victime. Connaître celle-ci, la cerner au plus près pour identifier l'auteur du crime, reste la première des obligations ; ensuite, il convient de garder à l'esprit cette vérité de Sénèque puisqu'elle demeure d'actualité : « Le coupable est celui auquel profite le crime. »

Dans les pays anglo-saxons, la procédure accusatoire, largement contradictoire, doit apporter la preuve de la culpabilité. En France, la procédure inquisitoire est plus subjective – elle doit « simplement » emporter l'intime conviction des juges. Voilà qui est plus qu'une nuance et a pour effet d'influer fondamentalement sur la conception de l'enquête. Celle-ci, dans la mesure où l'auteur du crime n'est pas identifié, peut durer plusieurs mois. En moyenne, un dossier n'est jamais retourné avant un an, et il peut être rouvert en cas d'élément nouveau.

C'est par un avis transmis par l'état-major que tout commence. Il est en général sibyllin ; la forme, peu ou prou, toujours la même :

Le Parquet vous saisit à la suite de la découverte d'un cadavre à son domicile. La victime n'est pas identifiée de façon certaine. La Sécurité publique, la Division de police judiciaire et le substitut de permanence sont déjà sur place et vous attendent. Le directeur et le cabinet sont informés.

Tout le groupe, son commissaire, le chef de service et le procédurier se déplacent alors – sauf si le substitut, doutant encore de la saisine, n'a demandé que la présence d'un observateur. Les flics qui sont de permanence durant la nuit ont travaillé durant la journée et travailleront le lendemain matin – ils quittent donc leur domicile avec leur matériel, leur arme de service et la voiture de l'Administration. *A priori*, tout est simple… Cependant, à trois heures du matin – alors que le génie humain n'a encore installé de GPS de série qu'à bord des aéronefs –, trouver le Bassin 3 de l'avenue Gagarine à Gennevilliers, quelque part au beau milieu du port, ou même un parking souterrain dans les entrailles de La Défense, peut se révéler compliqué… Il m'est même arrivé d'aller faire des constatations, en pleine nuit, sur un chemin forestier de la forêt Notre-Dame à Bonneuil. Arriver le dernier vous vaudra les moqueries du groupe. Et si, d'aventure, le substitut du procureur est sur place au moment où vous arrivez déjà passablement agacé, vous saurez ce qu'est une véritable humiliation. Durant la journée, pour faire simple, nous partons systématiquement ensemble et rejoignons l'Identité judiciaire qui, presque toujours, nous précède sur une scène de crime.

À quel type d'enquête allons-nous être confrontés ? Quelle sera sa complexité ? Allons-nous la mener tambour battant ou serons-nous toujours à chercher dans un an ? Au départ, dans ce domaine, rien n'est jamais fixé. Et aussi incroyable que cela puisse paraître, une affaire peut parfois être résolue dans les quelques heures qui suivent son signalement. Je crois qu'aucun homicide n'a été aussi rapidement élucidé que celui survenu Porte de Montreuil, ce dimanche matin où nous a été signalée la présence de morceaux de chair humaine et d'ossements sous une voiture en stationnement. C'était un dimanche matin, donc ; il pleuvait, il était encore tôt, voire très tôt. Un cadavre découpé en morceaux que l'on retrouve sur la voie publique à la frontière du XXe arrondissement de Paris et de la Seine-Saint-Denis, ce n'est quand même pas si fréquent. Il y a de quoi aiguiser la curiosité d'un flic... Tant pis pour le dimanche en famille, ce sera pour une autre fois. Les morceaux enveloppés dans un drap sont ceux d'un homme. Il y a quelques traces sanglantes sur le trottoir indiquant que celui-ci a été traîné avec son contenu. On est là, perplexes, et aussi assez consternés, il faut bien le dire... On s'interroge ; on essaie de comprendre ce qui a pu provoquer un acte aussi abominable en fixant les barres d'immeubles de la cité qui nous bouche l'horizon. Autrefois, cet endroit inconstructible s'intitulait « La Zone » ; il a été urbanisé durant l'Entre-deux-guerres. Incroyable qu'il ait pu s'y dérouler aujourd'hui un acte relevant d'une pareille barbarie. Mais bon... Aller de surprise en surprise, notamment dans les registres du macabre et celui de la folie humaine, c'est un peu le métier qui veut ça. Un des enquêteurs du groupe suggère alors de faire appel à la brigade cynophile, disponible à tout moment – le policier doit alors préciser à l'état-major s'il a besoin de l'aide d'un chien pisteur, qui va suivre une odeur, d'un chien antidrogue, capable de renifler des stupéfiants cachés dans un faux plafond, d'un chien anti-explosifs formé à détecter de la dynamite dans un immense container ou d'un chien d'attaque… Ces derniers étant d'une efficacité redoutable pour neutraliser d'un coup de tête un forcené. Le nôtre arrive rapidement sur les lieux. Après avoir reniflé le cadavre, ou plutôt ce qu'il en reste, le chien part, la truffe plaquée sur le sol et la queue en l'air, accompagné de son maître qui le tient en laisse, en direction des immeubles. Il pénètre, sans une seconde d'hésitation, dans l'un d'eux, le deuxième, alors que nous le suivons main posée sur la crosse de notre revolver, puis, avec la même assurance, il grimpe jusqu'au troisième étage, où il s'immobilise : là, il hésite entre deux portes. Puisque nous sommes comme lui dans le doute, nous choisissons de les défoncer simultanément. Derrière l'une d'entre elle, celle de gauche, nous tombons sur un homme qui présente toutes les apparences du microcéphale. Il est en train de nettoyer scies et couteaux sans pratiquement lever le nez de l'évier au-dessus duquel il est penché, il répond à la question que nous venons de lui poser : « Ben oui, c'est moi… Il m'avait mal causé. »

Nous avons parfois l'impression d'être confrontés à la part la plus hideuse de l'humanité, de nous frotter à ce que l'espèce peut présenter de plus abject parmi ses représentants. Chemin faisant, au fil d'une carrière, l'on s'aperçoit que l'exploration à laquelle nous nous livrons n'en finit jamais, que nous sommes toujours entraînés un peu plus loin à un moment ou à un autre. Parce que les frontières de l'immonde sont sans cesse repoussées par l'homme. C'est dans sa nature ; et nous, on est en première ligne quand il s'agit de faire « les constatations d'usage ». Autant se faire une raison… D'ailleurs, quand nous embarquons l'auteur de cette abomination pour l'entendre au 36 avec « sa compagne », nous nous apercevons que comparé à elle, notre homme est un prix Nobel, un prodige d'intelligence ! Plus sérieusement, ce type n'est pas tout à fait un être humain tant il est dépourvu de conscience. Il ne nous fait part d'aucun regret. Rien. Il ne manifeste pas la moindre émotion. Nous faisons face au vide sidéral… C'est troublant, déstabilisant.

Je suis à la maison pour prendre part au déjeuner dominical. Chacun est étonné de me voir revenu si vite – moi le premier. L'enquête n'a pas duré trois heures. Je suis encore décontenancé, et lorsque passent les plats, une partie de moi traîne encore Porte de Montreuil. Et je pense à ce chien qui, lui aussi, aura mérité une gamelle améliorée.

Le plus souvent, les choses sont beaucoup moins simples à régler. Elles peuvent même vous faire plonger dans des abîmes de complexité. En général, après que le commissaire ait fait un premier compte rendu à ses troupes, les tâches sont réparties entre les hommes : il y a ceux qui vont faire les constatations, ceux qui vont entreprendre l'enquête de voisinage, et enfin ceux qui vont effectuer les premières recherches d'archives sur la victime. Cependant, vous ne pouvez jamais avoir la certitude que les effets conjugués des techniques d'investigation, de l'intelligence, de l'intuition et de l'expérience seront à même de porter leurs fruits. L'éventualité, à un moment ou à un autre, de se retrouver au milieu du gué, dans l'impossibilité de mettre un pied devant l'autre, est toujours possible. L'affaire ne débouchera pas et vous garderez en bouche le goût de l'inachevé qui ressemble, à s'y méprendre, à celui de l'échec. Pour moi, l'enquête inachevée par excellence, celle qui n'a pas abouti alors qu'elle aurait dû aboutir, est l'enquête liée à la mort du Pasteur Doucé…

Né en Belgique en 1945, naturalisé français en 1982, enlevé puis assassiné en juillet 1990, Joseph Doucé est le fondateur du Centre du Christ Libérateur, le CCL, un espace d'accueil et de parole dédié aux minorités sexuelles. S'y croisent prostituées et prostitués, homosexuels, transsexuels et pédophiles. Le pasteur veille encore aux destinées d'une maison d'édition, Lumière et Justice, qui publie des ouvrages tels que *La question transsexuelle* (1986) ou *Couples homosexuels et lesbiens : juridique et quotidien* (1987). Protestant baptiste, ouvertement homosexuel et vivant en couple, disposant d'un réseau relationnel avéré, le Père Doucé intéresse les Renseignements généraux. Il est permis de s'interroger sur les motivations qui les animent : connaître ses fréquentations, certes, mais à quelles fins ? Toujours est-il que les RG font suivre Doucé et le placent sur écoutes. Très vite, il nous apparaît à la Crim' qu'il existe quelques problèmes concernant la forme et les moyens utilisés : ces écoutes sont on ne peut plus à la limite de la légalité. Mais il se trouve qu'à l'époque, elles ne sont pas réglementées… Passons. Les surveillances sont assurées par le GER – le Groupe des enquêtes réservées. Vous en conviendrez, l'acronyme de cette officine des RG est déjà tout un programme dont la République ne saurait sortir grandie. Ce groupe est dirigé par l'inspecteur Dufourg ; il n'est ni encadré ni contrôlé, et se croit donc tout permis. Adepte des intimidations et des coups de main en tout genre, le GER est alors, on peut le dire, une honte pour notre démocratie. C'est dans ce contexte nébuleux et vaguement nauséabond que le pasteur est enlevé, en juillet 1990. Quelques jours auparavant, précisons qu'il a déjà fait l'objet d'une tentative d'intimidation, à son domicile par Dufourg et ses sbires…

Un homme parti cueillir des champignons dans la forêt de Rambouillet découvre le corps de Joseph Doucé en octobre 1990. La corruption des chairs, la vermine, les animaux sauvages… Il est dans un état épouvantable de décomposition et interdit, de ce fait, toute constatation instructive. Le directeur des RG,

Claude Bardon, dont la bonne foi ne saurait être remise en cause dans le cadre de cette affaire – pas plus que celle de son ministre, Pierre Joxe –, s'attend à ce que s'abatte à tout instant sur le pays un cataclysme politico-policier, et ceux qui le gouvernent n'auraient aucune chance d'en sortir indemnes.

Grâce à la confiance entretenue avec Catherine Courcol, juge en charge du dossier, nous avons tout appréhendé de cette affaire, d'autant que certains des protagonistes ont reconnu une partie des faits. Cependant, nous n'avons pas été en mesure de le prouver dans le cadre de la procédure – hélas ! Pendant l'instruction, Maître Jacques Vergès, défenseur de Marc Dufourg et avocat rompu à plaider les causes parmi les plus difficiles, appliquera immédiatement la « stratégie de la rupture » : il attaquera, et attaquera encore, faisant diversion en ayant recours à des accusations aussi énormes que dénuées de fondement. La stratégie est payante : son client bénéficiera d'un non-lieu. Ne pouvant apporter de preuves devant la justice, je dois encore aujourd'hui taire la vérité. C'est, pour moi, une frustration énorme. Ma consolation reste que l'affaire Doucé, même si elle n'a pas abouti à la condamnation des coupables, a permis de moraliser certaines pratiques des RG.

Il y a ces affaires à même de faire sauter un gouvernement, et puis il y a, à l'autre bout de la chaîne des homicides, beaucoup plus nombreux, pas moins sordides, les meurtres crapuleux. J'en ai traité des dizaines et des dizaines. Tous minables. La victime est le plus souvent une femme âgée, vivant seule. L'assassin est un prédateur de passage, une sorte de pithécanthrope en moins évolué. Il l'a suivie chez elle. Il l'attache avec des liens trouvés sur place, fouille l'appartement. Statistiquement, la pauvre femme risque d'être violentée et, la plupart du temps, meurt étouffée ou étranglée.

En l'absence de traces papillaires ou biologiques, l'enquête est toujours difficile : il n'existe pas le moindre élément susceptible de rattacher le meurtrier à sa victime, et il s'est contenté d'emporter l'argent liquide trouvé sur place. Le salut vient le plus souvent de la police scientifique. Et puis, parfois, il vous arrive d'avoir de la chance…

Le 17 mars 1986, Madame Plessis est retrouvée morte dans son appartement de la rue Notre-Dame-des Champs. Elle a été attachée avec le cordon des rideaux puis étouffée. Son domicile a été fouillé de fond en comble.

Les enquêteurs ne trouvent rien pendant des mois. Et puis un jour, un surveillant de la maison d'arrêt de Rouen avertit l'état-major des propos colportés par deux détenus : ils se targuent dans les coursives « d'avoir fait une petite vieille sur Paris ». C'est le groupe de Sylvestre Grisoli qui est chargé d'aller les entendre. Quand celui-ci part avec ses hommes, ils ne sont pas trop nombreux à y croire… Cependant, après des heures et des heures d'interrogatoire, ils obtiendront des aveux circonstanciés et des éléments de preuves.

Si la police devait être confrontée aujourd'hui à une affaire similaire, je doute qu'elle obtiendrait des résultats comparables. Pourquoi ? Parce que les règles de procédure pénale ont changé, parce que la présence d'un avocat est devenue obligatoire lors de ce genre d'audition, et aussi, parce que le prévenu a parfaitement le droit de ne rien dire.

Ces affaires crapuleuses relèvent toutes de la même routine, du même schéma et du même mode opératoire ; force est de constater encore que c'est souvent « l'occasion qui fait le larron » – et que certaines sont plus pitoyables que d'autres... Ainsi, il y a des années, nous découvrons le corps de Lucienne dans son appartement de la rue Simon Bolivar à Paris ; une femme au milieu de sa soixantaine, et pour nous, il s'agit alors d'une affaire crapuleuse comme une autre. La retraitée était aisée et avait mis ses économies à l'abri dans un coffre du Crédit Lyonnais. Victime d'un accident vasculaire cérébral, voilà qu'elle ne parvient pratiquement plus à s'exprimer. Cela n'échappe pas à quelques petites frappes du quartier. Pendant des semaines, une bande de lascars va venir chez elle très régulièrement la racketter. Après chaque visite, la victime tente désespérément de raconter ses mésaventures à ses voisins et à ses proches. Mais compte tenu de ses difficultés d'élocution, personne ne l'écoute. Un jour, les choses se déroulent sans doute plus difficilement qu'à l'accoutumée, et ils la tuent. Il ne nous faudra pas beaucoup de temps pour mettre la main sur cette sinistre équipe. Lorsque nous nous sommes fait ouvrir son coffre à la banque, il ne restait plus rien : ils avaient tout pris. À l'exception d'une poupée en celluloïd. Lucienne n'avait plus aucune raison de rester en vie…

En matière de crimes crapuleux, il y en a aussi de purement machiavéliques ; ils sont d'autant plus immondes qu'ils ont été prémédités avec soin : ceux-là vous laissent un goût encore plus amer au fond de la gorge. Je pense en particulier aux meurtres impliquant Valérie Subra, cette jeune fille qui a inspiré le film « L'appât » ; la presse et la télévision ont également traité ce cas à l'envi, je suis certain que vous l'avez gardé en mémoire. J'ai eu à connaître Valérie Subra en 1984, lorsque cette jeune vendeuse a fait le choix, à dix-huit ans, d'appâter des hommes afin de permettre à ses deux complices, Laurent Haddad et Jean Remi Saraud, de les torturer puis les exécuter après leur avoir extorqué quelque argent. Leur arrestation rapide les empêchera de concrétiser d'autres projets de ce type qu'ils avaient pris le soin de programmer. Je ne reviendrai pas sur cette affaire que tout le monde connaît, mais comme j'ai été amené à les interroger tous les trois – j'étais alors chef adjoint de la Crim – je ne peux taire des décennies plus tard à quel point j'ai été impressionné par leur amoralité. J'ai alors été en mesure d'explorer le désert sans fin qui s'étire entre celle-ci et « l'immoralité ». Je n'ai décelé aucune conscience chez ces jeunes gens ; ils n'ont manifesté aucun regret, aucun chagrin – si ce n'est celui d'aller en prison. L'audition de Valérie Subra m'a particulièrement déstabilisé. Sa plastique était aussi belle que son âme était hideuse. Son absence de remords, et donc son absence d'humanité, m'ont longtemps hanté. Il n'est pas question, bien évidemment, de critiquer ici une décision de justice ; je souhaite cependant attirer l'attention du lecteur sur le fait que les trois se trouvent aujourd'hui en liberté. Condamnés à la détention à perpétuité par la Cour d'assises en 1988, ils sont libres de leurs mouvements depuis plus de dix ans ! Cela fait froid dans le dos… Reste qu'exercer sa séduction pour attirer son prochain, le torturer, le tuer puis le dépouiller – avant d'aller célébrer cela au champagne – n'est pas le meilleur sens que l'on puisse donner à sa vie. Je suis effrayé de constater à quel point Internet et les réseaux sociaux facilitent aujourd'hui l'organisation de ces traquenards…

- X -

Surtout, ne pas croire ce que l'on voit...

S'il fait encore des victimes dans le sud de la France, le règlement de comptes est tombé en désuétude à Paris. Durant les années soixante-dix et quatre-vingts, il avait les frères Zemmour pour acteurs principaux ; les « hommes » tombaient comme des mouches tant et si bien que les choses avaient pris une tournure caricaturale, ce qui n'était pas pour déplaire à Roger Borniche. Découverts sur le bitume de Pigalle, la plupart du temps devant le pas-de-porte d'un bar douteux, les truands étaient en ces temps anciens exécutés au 11.43 ou, éventuellement, d'une ou deux balles de 9 mm dans la tête – jamais de calibre inférieur, sinon, cela n'aurait pas fait sérieux. Bien évidemment, comme dans un film de série B, personne n'avait « rien vu ni entendu ». Nous savions toujours qui était le commanditaire, ainsi que le ou les meurtriers ; les confondre et les arrêter était cependant une autre affaire. En général, les voyous étaient plus rapides que nous à localiser le coupable et à lui régler son affaire. Ainsi, lorsque le 2 octobre 1985, Frédéric Ricco, dit « Ricco le Balafré » – cela ne s'invente pas –, se fait descendre rue du Faubourg Montmartre, devant le restaurant *La boule rouge*, nous avons à peine le temps d'identifier son assassin, Aaron Haddad, dit « Riton les yeux bleus », que celui-ci connaît à son tour une fin tragique. Ces règlements de comptes « à l'ancienne », pour efficaces qu'ils fussent, ont cependant disparu – ou presque. Ce n'est pas que les voyous soient devenus aujourd'hui plus vertueux ou tout simplement plus respectueux de la vie d'autrui, non ; partant du principe selon lequel tout évolue – y compris la taille de leur encéphale –, ils ont compris que ces agissements étaient peu propices à la bonne marche des affaires. La morale n'a rien à faire là-dedans. Et aujourd'hui, lorsque d'aventure un voyou décide de rendre la justice à sa façon, il le fera lui-même, sans recourir aux services d'un tueur à gages. Je me souviens encore de l'un d'eux, pas spécialement antipathique d'ailleurs, me déclarant à la fin des années soixante-dix : « Bien sûr que c'est moi, mais si tu prends ta bécane pour taper ce que je viens de te dire, jamais je ne signerai. »

Il était l'un des derniers représentants de l'espèce… Tueur à gages : encore un petit métier qui se perd.

La croyance populaire affirme que « la première impression est toujours la bonne » ; j'aurais, pour ce qui me concerne, plutôt tendance à m'en méfier. Une enquête bien menée doit l'être dans toutes les directions, et ce, quelle que soit cette première impression qui oriente votre raisonnement au départ... En mettant sens dessus dessous son appartement, un mari jaloux a tenté de maquiller en agression aux conséquences fatales le meurtre qu'il avait commis. Un autre a supprimé son épouse et simulé un accident de voiture dans l'espoir de toucher le montant de son assurance-vie... Imagineriez-vous qu'un homme se soit suicidé de deux balles dans la tête ? Pour étrange que cela puisse paraître, c'est possible – et j'ai été confronté à ce cas de figure : le deuxième coup a été déclenché par une réaction nerveuse.

Dans le registre des décès dont les circonstances peuvent prêter à confusion, celles entourant la mort de la Baronne de C. restent un cas d'école ; il est d'ailleurs exposé à tout flic débarquant à la Crim'. Dans le courant des années soixante, cette femme a été retrouvée allongée devant son armoire à glace, une plaie de chaque côté du ventre, et un poignard japonais fiché entre les omoplates. La thèse du crime semblait s'imposer d'emblée. Cependant, il n'en était rien. La baronne, en quête de sensations, s'adonnait à la pratique de rituels pour le moins étranges ; c'est dans le cadre de l'un d'entre eux qu'elle s'est empalée accidentellement en reculant sur un poignard japonais fiché entre deux ouvrages de sa bibliothèque...

Donc, il convient de ne ne pas tirer des déductions par trop hâtives de ce que l'on voit, jamais… Ce sont les hématomes, les traces de défense – ou l'absence de celles-ci –, les résidus de poudre sur les mains du cadavre qui donnent généralement les premières orientations sérieuses.

À la Crim', nous ne sommes guère confrontés qu'à trois hypothèses : mort naturelle, suicide ou homicide ; cependant, il n'est pas si facile d'y voir clair, même lorsque l'on pense avoir tout vu…

Début de soirée dans un appartement parisien où nous trouvons deux cadavres : celui d'une mère à côté duquel gît celui de sa fille. La première avait plus de quatre-vingts ans quand elle est passée de vie à trépas ; la seconde abordait la soixantaine. Les corps sont allongés sur le sol de la salle à manger. Il y a du sang partout : sur les murs, le téléphone, les serrures. Aucun témoin, aucun indice. Rien. Il nous faudra environ quarante-huit heures – passées en continu avec les techniciens et le légiste – pour comprendre. Et reconstituer avec certitude les éléments tels qu'ils se sont déroulés. La réalité des faits, la voici :

La mère a fait un malaise et s'est effondrée avant de décéder. Sa fille, présente ce soir-là, a alors tenté de lui porter assistance ; mais en se penchant pour la relever, elle a chuté à son tour et s'est fracturé le fémur. Pendant deux jours, elle a tenté de trouver le moyen de joindre les secours avant de renoncer, épuisée, pour mourir ensuite d'inanition. C'est en se traînant et en essayant de s'appuyer ici et là, en tentant de saisir le combiné du téléphone, d'ouvrir les portes, qu'elle a laissé du sang dans tout l'appartement. Pas un parmi nous, bien évidemment, n'aurait pu imaginer cette hypothèse en entrant dans les lieux.

Une autre affaire survenue dans la capitale, quelque temps plus tard, illustre bien les difficultés auxquelles nous pouvons nous trouver confrontés et les dangers que peut générer cette fameuse « première impression » – puisque c'est toujours d'elle dont il s'agit ici...

Rue de Romainville, à Paris, par un beau début d'après-midi. Nous sommes au printemps, en mars 1990 – le 21 très précisément. Le Parquet vient de nous saisir à la suite de la découverte du corps horriblement mutilé d'une jeune femme. Nous investissons l'appartement, il est bourgeois, et celle qui l'occupait avait Ghislaine pour prénom. Violoncelliste d'excellent niveau, elle donnait parfois des cours à son domicile. La jeune femme repose dans le salon, sur le sol. Elle est belle, elle est nue. La mort est récente. Aucune trace d'effraction. Des instruments tranchants sont posés près du corps – des ciseaux et des couteaux. Elle baigne dans son sang ; de toute évidence, elle est morte d'hémorragie : l'extrémité de ses seins a été découpée, ainsi que sa vulve, et le bas de son ventre a été lacéré. Pas de traces de lutte ou de coups *ante mortem*… L'appartement n'a pas été fouillé, il semble que le vol ne soit pas le mobile. La vie menée par l'occupante des lieux était des plus limpides. Une femme épanouie, nul ne lui connaissait d'histoires… Encore un psychopathe qui l'a suivie avant de s'en donner à cœur joie ? Nous passons l'après-midi à tergiverser et à échanger nos impressions. Aucune ne l'emporte sur les autres – nous sommes surtout intrigués par l'absence d'effraction et de lutte. Nous lançons donc une enquête tous azimuts. Mais c'est l'autopsie du lendemain qui va nous éclairer… Le médecin légiste est un vieux de la vieille. Il écoute avec attention le compte-rendu de nos constatations, puis il demande à la cantonade :

– Vous dites qu'il y avait un miroir à côté d'elle ?

– Oui, il y en avait un près du corps, en effet, un petit…

– Vous savez, poursuit le légiste, lorsque les grands psychotiques se mutilent, ils observent souvent ce qu'ils font de cette façon, avec un miroir. Ne me demandez pas pourquoi, mais c'est souvent ainsi…

Nous sommes parvenus à reconstituer la vie de cette malheureuse et avons même retrouvé ses journaux intimes. Ils décrivaient ses angoisses et la maladie bipolaire qui était la sienne… D'une certaine façon, elle a été victime de la solitude. Solitude de sa vie, solitude face au mal qui rongeait sa raison. Voilà qui était pour moi source de stupéfaction.

Pourtant, j'avais été initié à l'horreur de certaines maladies mentales lors de stages de formation continue auxquels se prêtent régulièrement les commissaires. À l'occasion de l'un d'entre eux, alors que je me trouvai dans un hôpital psychiatrique, je me rappelle avoir été secoué par la présence d'un jeune homme attaché dans ce qui ressemblait à une cage. Répondant à mon étonnement, les soignants m'avaient alors affirmé : « Mais Monsieur le Commissaire, si on le détache, il se mange ! »

Je n'ai, je dois le préciser, pratiquement jamais rencontré de malades mentaux auteurs d'assassinats – et donc « irresponsables » au sens du code pénal – au cours de ma carrière…

On meurt beaucoup de solitude dans les villes. Surtout dans les grandes. Mais cela n'émeut pas vraiment. J'en veux pour preuve la fin de cet homme dont nous retrouvons un jour le squelette dans son appartement des Hauts-de-Seine. Il est dans la cuisine ; et à côté de ce squelette, il y a celui d'un chat. Son chat, bien évidemment. Il est facile d'établir que celui-ci a mangé le cadavre de son maître. Dehors, c'est l'été. Il y a des moments où l'on a envie de prendre une grande bouffée d'oxygène. Chacun sait qu'il s'écoule des mois et des mois avant qu'un corps ne soit réduit à l'état de squelette. Et pendant tout ce temps, personne ne s'est ému de ne plus voir ce veuf – le fait qu'il n'aille plus faire ses commissions, ou encore qu'il n'aille plus acheter son journal, personne ne s'en est étonné. Il ne vivait pas cloîtré pourtant, il était parfaitement mobile… Le gardien de son immeuble, un immeuble comme tant d'autres, ne s'est inquiété de rien. Ses voisins ? Non, ils n'ont rien remarqué d'anormal. C'était un homme discret, ils n'ont jamais vraiment fait attention à lui ; faut dire qu'ils travaillent, qu'ils ont des gosses et plein d'autres choses auxquelles ils doivent penser. Le facteur, lui non plus, ne s'est douté de rien. Ce ne sont pas les lettres que recevait le vieil homme, et encore moins les cartes postales, qui risquaient d'obstruer sa boîte à lettres. Alors, non, il ne pouvait pas imaginer qu'à l'étage…

Et la famille de ce malheureux, où est-elle passée durant ce temps qu'il faut à un corps pour devenir squelette ? Et ses amis ? L'indifférence n'est pas un délit, elle en est cependant une parente pas très éloignée. Voilà, c'était comme ça à Paris à la fin du XXe siècle… Pas sûr que les choses s'arrangent dans l'avenir.

Les constatations d'usage ont été révolutionnées par la PTS – la Police technique. Celle-ci apparaît en France en 1985 et, grâce à elle, les progrès en matière de recherches des traces papillaires comme ceux, exponentiels, de la biologie moléculaire, vont bouleverser d'une façon radicale la façon dont les flics mènent une enquête. Mais tout a un prix en ce monde, et les nouveaux moyens mis à la disposition des services sont particulièrement onéreux – d'autant qu'ils peuvent s'étirer sur plusieurs jours. J'ai vécu la période-charnière entre les constatations effectuées « à l'ancienne » et celles du « tout scientifique » d'aujourd'hui... Des méthodes actuelles, il résulte que le policier, adepte du principe de précaution, ordonne des réquisitions judiciaires dans tous les sens, et qu'il fait effectuer des prélèvements sur tout et n'importe quoi... Aux frais du contribuable.

Procéder à l'examen d'un cadavre est l'un des éléments fondamentaux des constatations ; celui-ci ne sera autopsié que le lendemain matin et, en attendant, il faut en retirer autant d'enseignements que possible... Le contact qui s'établit alors entre le policier et la victime se déroule toujours dans un contexte émotionnel intense – même après de très nombreuses années d'exercice. Qui est-ce ? Cette personne a-t-elle souffert avant de mourir ? C'est un véritable pacte tacite qui est passé avec le mort : l'auteur du crime sera identifié et puni. Il ne s'agit pas d'un quelconque désir de vengeance, mais d'une volonté de justice. Oui, il faut que justice soit rendue au mort.

Les flics de la Crim' – et je crois en avoir connu pas mal – se montrent toujours infiniment respectueux lorsqu'ils se retrouvent face à un cadavre. Tous autant que nous sommes, dans ces moments-là, on arrête de déconner, et on parle peu. Voire le moins possible.

C'est une constante : personne ne se bouscule pour prendre en charge les proches du disparu – qu'ils soient sur place ou qu'il faille aller les prévenir. Faire part des événements à une famille est sans doute la tâche la plus épouvantable qui soit ; j'y ai été confronté, pour ma part, dès la première année de mon stage. Et pour être franc, on ne s'y fait jamais… Quand il faut y aller, on respire un grand coup puis on sonne à la porte. Comme vous pouvez l'imaginer, ce n'est pas le genre d'annonce qui se fait au téléphone ; alors, on a la ou les personnes en face de soi, on cherche ses mots et on se sent maladroit :

– Madame, je peux vous parler ? Je peux entrer ? Je dois vous parler…

Les enfants jouent, la télé est allumée… Ce moment est le pire de tous ceux qu'il nous est donné de connaître dans le cadre de ce métier : lorsqu'une personne apprend qu'un proche est mort, c'est la sidération ; lorsque l'on précise à celle-ci qu'il a été assassiné, le silence est total. À ce moment-là, vous vous faites le serment de réussir ; mais en attendant, le problème majeur auquel vous êtes confronté, reste que nul ne vous a appris comment faire pour atténuer le choc et la douleur. Personne ne vous a indiqué quels sont les mots du dictionnaire auxquels vous pouvez avoir recours en pareilles circonstances. Alors, quand vous les prononcez, vous n'êtes jamais certain d'avoir choisi les bons...

Revenons au cadavre. Il ne suffit pas de le regarder... Il faut le fouiller, le retourner, l'examiner. Et aussi explorer le fond de ses poches. Vous êtes accroupi ou à quatre pattes, vous avez enfilé des gants, vous évitez son regard vitreux. Sa rigidité et ses lividités vont vous indiquer très approximativement si la mort vient de survenir ; les écoulements, eux, vous apprendront s'il a été déplacé, voire transporté ; et les mains, pour finir, s'il s'est défendu. Dans la mesure où il s'agit d'une femme, la question sera de savoir si elle a été violentée ou non. L'expérience apporte d'emblée quelques indications assez grossières ; cependant, comme je vous en ai fait part, il convient de ne pas se laisser envahir par la « première impression » : une enquête qui a mal démarré, on ne la rattrape jamais... Elle part inévitablement en vrille.

La famille, les proches nous livrent leurs premières réactions ; nous y sommes particulièrement attentifs. Il faut aussi les soutenir, les entendre, les conseiller... Ils ne peuvent compter que sur nous dans ces moments-là. Surtout la nuit. À l'exception des urgences hospitalières – toujours débordées –, il n'y a plus alors de service public accessible au citoyen en détresse. Il faut savoir tout faire... Et puis, on ne peut tout de même pas abandonner une veuve en pleurs, à deux heures du matin, devant le 36. Alors, le travail terminé, il y a toujours quelqu'un qui se dévoue pour la raccompagner. Et qui lui promettra, sur le pas de sa porte, de revenir le lendemain matin quand il lui faudra se rendre à l'Institut médico-légal pour reconnaître le corps…

J'ai été très marqué par une affaire relative au meurtre d'un homme dans un pavillon de banlieue. Ses enfants étaient en pleurs. Il était environ une heure du matin. Sa femme, effondrée, me raconte l'agression dont son mari a été victime. « Un cambrioleur » m'assure-t-elle… Deux heures plus tard, le doute me prend. À vrai dire, il m'étreint… « Et si c'était elle ? ».

Dans ces moments-là, le poids de la décision pèse des tonnes. Vous êtes seul. Vraiment seul. Vous prenez particulièrement conscience du fait que la responsabilité matérielle – et surtout morale – d'un officier de police judiciaire est démesurée en regard de la place qu'il occupe dans la hiérarchie administrative. Il peut, par une décision inadaptée, traumatiser un homme à vie, ruiner sa réputation, lui faire perdre son emploi… Il peut aussi laisser la vérité s'enfuir à jamais.

Le corps est presque toujours sur les lieux du meurtre ; parfois, cependant, ce n'est pas le cas…

Tuer quelqu'un chez soi est facile, conserver son corps l'est beaucoup moins. Que faire de celui-ci ?

Il faut un complice pour vous aider à le transporter jusqu'à la rivière ou encore dans quelque sous-bois – où, de toute façon, on le retrouvera un jour. Il reste la chaux vive ou encore l'acide sulfurique versé dans la baignoire… Là, c'est beaucoup plus facile à dire qu'à faire ; d'autant que le commerçant sera toujours intrigué de vous voir acheter ce type d'acide en grande quantité. Le plus « simple » reste donc le congélateur – après découpage en bonne et due forme – à condition que celui-ci soit fermé par un cadenas. Pour ma part, j'ai été confronté à tous les cas de figure, et j'avoue que le comportement de quelques-uns parmi mes concitoyens a parfois pu me laisser perplexe : j'en ai vu qui se sont révélés capables de regarder sereinement un match de foot à la télé, une bière à la main, alors que leur femme reposait depuis des mois dans le congélateur de la buanderie.

Il m'apparaît clairement qu'occire son prochain ou sa prochaine est une perte de temps pour qui ne souhaite pas aller croupir en prison durant des années. Tôt ou tard, l'auteur d'un crime est démasqué et arrêté. Il est impossible qu'il en soit autrement, ce n'est qu'une question de temps. Une affaire particulièrement riche en rebondissements, s'étirant sur plusieurs années et se déroulant sur deux pays, viendra illustrer mon propos. Quelle que soit la complexité du puzzle, on parvient toujours à le reconstituer…

Dans le courant des années quatre-vingt-dix, une portugaise fortunée – appelons-la Maria C. – , propriétaire de nombreux appartements à Paris, souhaite se débarrasser de son mari. Il est toxicomane, il est encombrant… Enfin, qu'importent les raisons qui sont les siennes, elle décide de mettre un terme à son mariage sans recourir au divorce. Elle aborde donc la question avec l'un de ses proches. Celui-ci a pour nom Hilario, et il se trouve que l'affaire ne le rebute pas outre mesure…

C'est de notoriété publique, il n'y a pas plus fiable que la famille quand l'on s'apprête à ourdir un assassinat : Hilario charge donc son propre fils, Jean, de recruter des tueurs. Ils seront deux à se porter volontaires – moyennant une juste rétribution de leur peine, bien évidemment. Durant la nuit du 1er au 2 août 1994, David J. et José C. suppriment à coups de couteau le mari toxico… Fin du premier acte.

Acte deux. L'un des assassins, à l'occasion d'une soirée où tout le monde a un peu trop forcé sur la fumette, se vante de ses exploits à un ami, ou supposé tel, un certain Armand N. Celui-ci est bien mal inspiré d'aller vérifier le bien-fondé des propos qui lui ont été rapportés auprès des proches du disparu… Un piège va bientôt lui être tendu. Jean, qui s'est chargé de recruter les deux tueurs à gages, l'invite à venir couper du bois dans la forêt de Larchant, non loin de Fontainebleau, où Maria dispose d'une propriété. L'imprudent sera assassiné à son tour, le dimanche 21 avril 1996, à l'aide d'une flèche tirée d'une arbalète – voilà qui ne s'invente pas.

Jean a fait appel à deux nouveaux hommes de main, un trou a été creusé en forêt, et le gêneur est bientôt inhumé sans autre forme de cérémonie qu'un barbecue réunissant à proximité la sympathique assemblée.

Acte trois. Le corps de l'un des assassins du mari occis est retrouvé à Amsterdam : il a été tabassé à mort après avoir été affamé. L'enquête va permettre de remonter la piste des uns et des autres, de découvrir les tenants et les aboutissants. Seuls des services spécialisés de la PJ et le feu croisé de leurs compétences sont en mesure de résoudre des affaires qui, *a priori*, ne présentent aucun lien entre elles...

Mettre la main sur l'arme du crime est une préoccupation première. Lorsqu'elle n'est pas retrouvée sur place, sa recherche s'effectue en priorité dans les poubelles, le vide-ordures... Il n'est guère de cache susceptible de nous échapper. S'il s'agit d'une arme à feu, son type et son calibre vont nous livrer de précieuses indications ; ainsi, l'empreinte laissée par les rayures de son canon sera souvent parlante. Peut-être cette arme nous livrera-t-elle des informations d'un autre type dans la mesure où l'on pourra relever, par exemple, des empreintes papillaires...

Le pistolet comme le revolver de gros calibre sont la signature d'un tueur professionnel, et ils révèlent la préméditation ; l'arme de chasse, la petite crapule ; la 22 long rifle est souvent l'arme de la légitime défense ; le couteau, on l'utilise parce que l'on a peur ; les liens, le marteau et l'étranglement sont la marque de l'improvisation… Voilà qui peut paraître sommaire, voire grossier. J'affirme cependant que ces assertions ont été vérifiées la plupart du temps, et ce, dans le cadre de plusieurs dizaines d'années de pratique.

C'est de retour au 36 que se prennent les premières décisions. Tout ce qui peut être soumis aux nouvelles technologies part en direction du labo, alors que, déjà, la recherche de la vérité et l'identification du meurtrier relèvent de l'obsession…

On y pense le jour et on y pense la nuit. On fait défiler mentalement le listing des tâches à accomplir afin de ne rien omettre – la peur de l'oubli, elle est toujours là, omniprésente et angoissante, tapie dans un coin de votre cerveau…

Vous vous répétez que, dans l'immense majorité des cas, il existe toujours un lien entre la victime et son assassin. Alors, cette victime, vous allez tout faire pour la connaître au mieux. Vous n'allez penser qu'à elle. Vous allez vous concentrer sur elle. Et vous voudrez tout savoir d'elle. Tout savoir de sa vie privée, de sa vie cachée… Cela ne va vous prendre que peu de temps en fait, parce qu'aujourd'hui, les moyens d'y parvenir sont infinis. Il suffit de « faire parler » les téléphones – le fixe et surtout le mobile –, ainsi que le GPS et le disque dur de l'ordinateur… Bientôt, vous connaîtrez tout de ses relations, de ses horaires, de son planning, des lieux qu'elle a fréquentés, des derniers contacts qu'elle a eus sur cette Terre, de la nature des échanges qui ont été les siens avec le ou les suspects… Vous connaîtrez, au mètre près et à la minute près, la position de la victime et celle de son assassin – avant et après le crime.

Les traces que laissent la victime comme le suspect sont légion : comptes et cartes bancaires, sécurité sociale, service fiscaux, ordonnances médicales, école des enfants, magasins fréquentés, vacances… Au final, l'une comme l'autre sont mis à nu. Et pour le flic, le problème, parfois, c'est de se voir submergé par un trop-plein d'informations…

- XI -

DES PRÉMICES DE L'ENQUÊTE À LA GARDE-À-VUE

L'enquête démarre : à chacun son rôle, à chacun sa partition… Toute notre attention se focalise d'abord sur les voisins – nous procédons toujours en premier lieu, systématiquement, à l'enquête de voisinage. Et il faut rencontrer tout le monde. Ceux qui ne sont pas là lorsque nous sonnons à leur porte, on reviendra les voir. C'est là, à partir de ces témoignages, que vous serez informé de la visite imprévue, du bruit inhabituel, du changement de comportement récemment observé chez la victime. Vous discutez des heures, vous épluchez, vous recoupez tout. Puis, vous convoquez ceux dont les propos vous ont semblé les plus pertinents. C'est long, c'est fastidieux – c'est indispensable.

Il est un outil majeur auquel vous allez pouvoir recourir : il s'agit du fichier de la police. Lors de mes premières affaires, les notes et les informations de tout ordre étaient consignées sur papier – le plus souvent sur des fiches cartonnées contenues dans des bacs. L'irruption de l'informatique a, dans un premier temps, à la Crim' comme ailleurs, été à l'origine d'une anarchie sauvage. Chacun avait son propre fichier : non déclaré et concurrent de l'officiel. Y étaient répertoriés les signalements, les bandes, leurs modes opératoires… Puis arrive, en 1978, la Commission nationale de l'informatique et des libertés, la CNIL : elle va mettre un peu d'ordre dans tout ça. Cette autorité administrative est indépendante et son objet est de veiller à ce que l'informatique soit au service du citoyen : elle ne doit porter atteinte ni à l'identité humaine ni aux droits de l'homme, se montrer respectueuse de la vie privée, des libertés individuelles et des libertés publiques… Les mesures prises par la CNIL seront des mesures de bon sens ; elles auront pour effet d'interdire non seulement les fichiers nominatifs non déclarés, mais aussi de prohiber toutes formes de recoupements entre les fichiers légaux. Une tâche à la fois immense et complexe pour cet organisme qui ne peut cependant offrir, faute de moyens, une garantie absolue de bonne fin.

Lorsque les fichiers sont consultés dans le respect du Droit, ils permettent de tout savoir d'une personne. Je dis bien tout. Revers de la médaille, des fichiers – tel le STIC, le Système de traitement des infractions constatées – peuvent être une menace pour le citoyen. Vous pouvez être fiché dans cette base gigantesque regroupant toutes les données de la police parce que vous aurez été concerné de près ou de loin – voire au titre de témoin ou encore de victime – par une procédure judiciaire. Une fois entré dans la mémoire du STIC, vous n'en sortirez pas si vous ne veillez à y mettre bon ordre en effectuant les démarches appropriées. Combien de fois ai-je vu révoqués, alors que je me trouvais à l'Inspection Générale, des salariés ou des candidats à des postes protégés du fait de la présence de leur nom dans ce type de fichier ? Seules devraient donc être mentionnées les condamnations. D'innombrables rapports ont été rédigés sur le sujet par des autorités indépendantes. Ils font apparaître en outre que les informations du STIC ne sont pas tenues à jour : un simple « Connu des services de police » pourra être à l'origine d'une catastrophe au même titre qu'une mention portée dans les fichiers des services de renseignements. Ils allient trop souvent approximation, poésie et ragots – de l'ordre de ceux que l'on pouvait entendre dans les loges des concierges avant qu'ils ne soient remplacés par des digicodes. La mention « Extrémiste radical » n'a plus guère de sens aujourd'hui si l'on ne prend le soin de lire le dossier se rapportant à l'intéressé.

Lors de ma présence à la Crim', les différentes périodes charnières dont j'ai été témoin – j'en ai déjà évoqué certaines –, m'ont amené à porter un regard circonspect sur certains aspects du progrès. Je souhaiterais que chacun puisse un instant réfléchir à la position où il place le curseur entre les avantages et les dangers du système ; je suis convaincu, par ailleurs, que ses avocats en seront un jour les victimes.

Sous le coup de l'émotion, les témoins sont malléables et il importe de ne pas orienter leurs déclarations dans un sens ou dans un autre. Ils se trompent souvent, alors qu'ils sont la plupart du temps de bonne foi, et les signalements fournis sont donc rarement conformes à la réalité – voire aux antipodes de celle-ci… Il suffira que l'un ait été effrayé, que l'autre ait été en contrebas et un troisième en surplomb pour qu'il vous soit livré trois récits différents d'un même événement. Et puis, il y a, pour finir, cette option inscrite dans le Droit romain : « *Testis unus, testis nullus* »… Le latiniste avisé retiendra que « le témoignage d'un seul ne vaut pas », préférant cette traduction à celle de Pierre Desproges – « On ne va pas bien loin avec une seule c… » – jugée plus approximative par l'auteur. L'importance des témoignages, forcément subjectifs, décroît de plus en plus face aux certitudes, ou prétendues telles, assénées par la police scientifique – une identification ne saurait donc reposer sur eux seuls…

Toute enquête un peu sérieuse doit néanmoins passer par l'étape du « tapissage » – soit la présentation du suspect au milieu d'un groupe qui prend place derrière une glace sans tain. La place du suspect et le numéro qu'il porte autour du cou sont le résultat d'un tirage au sort ; le groupe, quant à lui, est constitué de policiers glanés au hasard des couloirs.

Le suspect est en général le seul à ne pas être rasé, à ne pas avoir de lacets à ses chaussures et à tenir un pantalon sans ceinture… Bien évidemment, cela ne saurait échapper à personne. Un effort est donc fourni par les enquêteurs afin d'éviter les griefs et objections des avocats qui ne manqueront pas de pleuvoir à ce sujet. Dans l'immense majorité des cas, le témoin désigne le suspect sans l'ombre d'une hésitation ; quand, en revanche, il pointe avec la même assurance un policier du groupe, cela a tout de même pour effet de plomber la suite de l'enquête…

Cette opération dite du « tapissage », décrite dans la procédure, reste toujours et quoi qu'il en soit, une indication – jamais une preuve.

Avec le développement des balises, le téléphone portable est devenu un mouchard susceptible de fournir des informations en temps réel sur les déplacements de son propriétaire – c'est un indicateur précieux lorsqu'il est allumé, et il l'est encore davantage au moment où on l'éteint pour se rendre à quelque rendez-vous secret. Aujourd'hui, tous les patrons du CAC 40 éteignent leurs mobiles bien avant d'arriver près du lieu de leur réunion ; une méthode qui a cependant ses limites… J'ai le souvenir d'un groupe terroriste corse piégé parce que ses membres avaient éteint leur portable, tous et simultanément, en approchant des lieux où ils allaient commettre un assassinat…

Chaque jour, sans vous en rendre compte, vous passez sous l'œil de caméras pilotées par des ordinateurs situés à des centaines de kilomètres de l'endroit où vous vous trouvez. Elles sont orientables à distance. Nous vivons à l'ère de la surveillance et du contrôle électroniques – hélas, cela a pour effet d'assécher l'imagination des enquêteurs et de limiter le champ de leurs initiatives. Les écoutes, quant à elles, ont un coût exorbitant dans la mesure où les opérateurs téléphoniques se sont joués de l'administration lorsqu'ils ont négocié le prix de leurs interventions. D'ailleurs, la Justice n'est déjà plus en mesure d'honorer toutes les factures qui lui sont présentées. Prenons garde, je le répète, veillons à ne pas en arriver aux extrêmes que connaissent les pays anglo-saxons, le Canada ou les Pays Bas : une enveloppe « forfaitaire » y est allouée à chaque enquête – même criminelle. Cette enveloppe n'est jamais extensible, et elle doit permettre de faire face à toutes les dépenses – je dis bien toutes, sans exception.

Une arrestation programmée – et donc soigneusement préparée – ne génère pas de dangers particuliers pour ceux qui vont y procéder, et elle se déroule donc, en général, sans poser problème. C'est l'arrestation improvisée, spontanée, qui présente le plus de risques ; le gardien de la paix, par exemple, poignardé lors du contrôle d'un resquilleur… Durant mon passage à la Crim', j'ai connu au moins trois ou quatre meurtres de collègues en tenue. C'est toujours plus ou moins le même scénario qui tourne à la catastrophe, celui du contrôle inopiné et de ses quelques variantes. La première des affaires de cette nature que j'ai connue fut le meurtre, le 7 décembre 1979, des gardiens de la paix Ruella et Crouix ; ils ont été abattus part un homme qui se révèlera être le fils d'un policier. Je me souviens encore de lui… Il s'appelait Philippe Maurice et il a été l'un des derniers condamnés à mort. Sa tête fut sauvée par la loi que vota le gouvernement socialiste nouvellement élu. Incarcéré, Philippe Maurice a fait de brillantes études en prison ; il s'est spécialisé dans l'histoire médiévale et, depuis sa libération, a intégré l'enseignement. Un parfait exemple de réhabilitation. Que là aussi chacun médite…

Un suspect identifié n'a pratiquement aucune chance de ne pas être localisé en quelques jours, à moins qu'il ne soit un berger vivant dans le maquis, coupé de tout lien avec la société – je pense au cas d'Yvan Colonna. Dès qu'un suspect possède, et donc utilise, l'un ou l'autre des accessoires de la modernité – carte de crédit, téléphone portable, ordinateur – il est tracé en permanence. Outre les caméras vidéo existantes, dont je vous ai parlé un peu plus haut, certaines seront installées spécialement pour les besoins d'une enquête. Le suivi d'un compteur électrique ou celui d'une ligne de téléphone fixe permettra d'établir si le suspect est bien dans les murs au moment où nous souhaitons intervenir. En fait, les surveillances physiques vont simplement apporter la confirmation qu'il n'y a pas eu substitution de personne.

Il faut ensuite décider du moment, des moyens et de la méthode… S'assurer que le mis en cause est présent sur les lieux, que les témoins sont joignables, ainsi que les éventuels complices, aux fins de confrontations – le juge doit également être disponible. Un « soum » – diminutif de « sous-marin », une camionnette d'observation banalisée – sera-t-il nécessaire ? Quels sont les besoins en effectifs d'appoint ? Quelle est l'importance du dispositif à mettre en place ? Aura-t-on recours à des forces d'intervention sur place ? On ne peut pas mobiliser les services d'élite à tout instant…

Un malfaiteur professionnel est plus prévisible qu'un père de famille qui choisira, peut-être, de se suicider ou de prendre ses enfants en otage. Dans la mesure du possible, toute arrestation doit se faire à l'extérieur : on attend que la personne sorte de chez elle, et la surprise est alors notre meilleure alliée.

Lorsqu'il s'agit de « serrer » un malfaiteur, rendez-vous est donné au groupe à cinq heures du matin pour un dernier *briefing* – il faudra attendre six heures, l'heure légale, pour intervenir. Ce sont souvent les écoutes téléphoniques qui donneront le signal de l'action, alors qu'un dispositif aura été mis en place pendant la nuit. Cependant, tout peut être prévu, un plan peaufiné pendant des heures, et, on ne sait pourquoi, un événement que nul n'était en mesure de prévoir va survenir, et le plan s'effondrer. Lors d'une affaire d'enlèvement, une adresse à vérifier avait été communiquée aux enquêteurs. Ne respectant pas les consignes, ils se rendent sur place, sonnent à la porte d'un appartement – hélas, ce n'est pas le bon : ils se sont trompés d'étage…

Une femme ouvre. Elle affirme se trouver seule chez elle… En fait, ce n'est pas tout à fait le cas. Il y a là un homme, c'est son amant ; celui-ci croit au retour anticipé du mari et se saisit d'une arme blanche, à tout hasard. L'un des policiers sur le pas de la porte aperçoit le reflet de cet homme dans le miroir du vestibule ; il sort son arme et ouvre le feu. L'homme s'effondre, tué sur le coup. Accident. Méprise. Bavure. Le type était père de famille ; le flic, un chef de groupe pourtant calme et mesuré, a sombré dans la dépression et ne s'en est jamais remis.

On n'est jamais à l'abri d'un impondérable… En février 1984, tous les policiers de la Crim' recherchent les membres d'Action Directe. Un jour, en début d'après-midi, les RG parisiens nous indiquent la présence de certains d'entre eux dans un appartement de Levallois-Perret, dans les Hauts-de-Seine ; ils nous précisent qu'ils sont sur le point de quitter leur planque – sans donner davantage de précisions toutefois quant à leur destination. Pour des flics, mettre en place un dispositif dans pareil contexte d'urgence relève du cauchemar…

Il faut remettre les choses dans leur contexte : à cette époque, le groupe armé multiplie braquages et attentats – il n'est pas encore passé au stade des assassinats. Jean-Marc Rouillan, un ancien du GARI, le Groupe d'action révolutionnaire internationaliste, et Nathalie Ménigon, issue des mouvements autonomistes – ils ont fondé Action Directe en 1979 –, sont l'obsession de la police française. Ils ont été arrêtés l'un et l'autre en 1981, rue Pergolèse à Paris, et ont bénéficié de la loi d'amnistie après un an passé derrière les barreaux. En 1982 le groupe s'est réarmé, et il cherche, en 1984, à étendre ses ramifications en Europe – notamment avec les Allemands des *Rote Armee Fraktion* (RAF), assassins de Hanns-Martin Schleyer.

Claude Cancès, à la tête d'une équipe de la BRI, la Brigade de recherche et d'intervention, fonce sur place ; il est sur les lieux depuis quelques instants seulement quand il voit sortir les membres d'Action Directe. Le dispositif n'a pu être mis en place faute de temps. Agir ? Les perdre à nouveau ? Pour combien de temps ? Au même instant, des gamins jaillissent en braillant d'une école voisine : il est 16 h 30, c'est l'heure de la sortie. La question ne se pose plus : il faut renoncer. Claude Cancès laisse tout tomber, la mort dans l'âme…

Il a eu raison. Qui l'aurait soutenu si un gamin avait pris une balle perdue ? Sans évoquer, bien évidemment, ce qu'aurait alors été le reste de sa vie…

De retour au service, nous faisons le *debriefing*. Cancès est critiqué par tous ceux qui, toute leur vie, n'ont jamais su « arrêter que leur montre ». Qu'à cela ne tienne : cela se réglera plus tard, entre hommes.

Voilà. Le suspect est « serré ». Vient le moment de le placer en garde-à-vue. Les conditions indignes dans lesquelles s'exerce celle-ci sont l'objet d'un débat qui dure depuis plus de dix ans ; elles sont l'une des causes annoncées de la réforme qui va avoir pour effet de paralyser le système…

C'est l'OPJ qui a pris la décision de placer son « client » en garde-à-vue et il en a avisé le magistrat. Le suspect est fouillé, déshabillé. On lui fait retirer les lacets de ses chaussures ainsi que sa ceinture – il tient alors son pantalon, se déplace en traînant les pieds et se sent, de ce fait, instantanément en état d'infériorité. Quand vient le moment de l'enfermer, les policiers choisissent les cellules les plus rébarbatives pour inviter les rebelles à réviser leurs positions. Certains se retrouveront ainsi dans la « cage des stups » où séjournent déjà dix prévenus, malades, éprouvant les affres du manque et vomissant pour la plupart. Jusqu'à la « Circulaire Sarkozy » de 2003, qui a eu pour objet de réglementer les conditions matérielles de la garde-à-vue – l'actuel président était alors ministre de l'Intérieur –, le suspect ne disposait pas d'une couverture et il n'était pas alimenté. Comment les choses se déroulaient-elles alors ? Dans la mesure où le contact venait à être établi entre les policiers et le prévenu, l'un d'entre eux allait lui chercher un café et un sandwich au *Soleil d'Or* avec l'argent trouvé sur lui. S'il n'en avait pas, il devait se contenter du quignon de pain offert par le dépôt – pour être très franc, nul n'est jamais parvenu à le consommer.

Quant au lit proposé au prévenu, il se résumait à une plaque de ciment. Le petit voyou savait mieux s'en accommoder que la mère de famille ou le P.-DG…

Lors d'une garde-à-vue, le suspect est angoissé par son avenir – en général, il a d'ailleurs quelques raisons de l'être. Il réclame de l'eau, des médicaments, des vêtements propres… Les flics exercent forcément sur lui un ascendant psychologique. Les magistrats, à l'exception des juges antiterroristes, ne viennent jamais contrôler quoi que ce soit sur place. Dans la majorité des cas, le prévenu est calme et abattu ; vous pouvez cependant en rencontrer qui se révéleront impulsifs, agressifs, menaçants, et même violents… En quelque sorte, le prévenu est globalement imprévisible. S'il se montre déprimé, la crainte du suicide sera permanente, et il faudra être particulièrement attentif dans la cage d'escalier ou à proximité des fenêtres sans barreaux.

Périodiquement, des drames se produisent dans l'enceinte du 36. Lors de son interrogatoire,

Richard Durn, l'auteur de la tuerie survenue en mars 2002 à l'Hôtel de ville de Nanterre – huit morts et dix-neuf blessés –, échappe à la surveillance de ses gardiens et se défenestre. Un épisode qui sera lâchement reproché au chef de la brigade criminelle d'alors : Frédéric Pechenard. C'est pour ne pas être confrontés un jour à ce cas de figure que de grands optimistes demanderont l'aide de gardiens de la paix à l'état-major ; mais autant dire les choses telles qu'elles sont : ils ne sont pratiquement jamais entendus…

Inspecteur général quelques années plus tard, j'ai effectué plusieurs inspections sur le déroulement de la garde-à-vue, les conditions matérielles qui l'entourent et – trop souvent – les décès qui surviennent dans le cadre de celle-ci. Je n'ai pas cependant le souvenir d'une affaire où la responsabilité du seul policier ait pu être retenue ; cependant, il est à déplorer que certains aient parfois fait montre d'une certaine nonchalance.

Depuis plus de dix ans, il est proposé la construction d'hôtels de garde-à-vue à l'instar de ceux qui sont à la disposition de nombreuses polices européennes. Celles-ci se sont en effet rendu compte qu'il valait mieux regrouper dans des bâtiments dédiés tous les prévenus d'une grande ville. Ainsi, des salles réservées aux auditions sont-elles aménagées à l'intention des policiers alors que d'autres seront réservées aux avocats et aux médecins. Ces locaux sont sécurisés et les suspects surveillés par des policiers spécialement formés à cet effet. Il en résulte une économie pour le contribuable : les transferts vers les hôpitaux sont évités, la préparation des repas, l'entretien et les aménagements divers sont centralisés. Les rapports consacrés à la création de ces centres n'ont servi à ce jour qu'à caler des armoires. Au 36, on préfère parfois avoir recours à la procrastination et laisser le dossier au successeur…

Alors, en attendant la très hypothétique ouverture d'hôtels dédiés à la garde-à-vue, la personne interpellée sera, afin de limiter les risques, menottée les mains dans le dos lors de son arrestation, pendant les perquisitions et au cours de ses transferts. Durant les auditions, elle sera souvent reliée par les menottes à sa chaise, ou, comme dans les films, au tuyau du radiateur – voire à un anneau fiché dans le mur, comparable à ceux que l'on trouve dans les étables.

Le code de procédure pénale stipule pourtant que le passage des menottes ne doit pas être systématique mais adapté aux circonstances. Nicolas Sarkozy, ministre de l'Intérieur, l'a vigoureusement rappelé dans une circulaire de 2003. Tous les policiers de France s'en soucient cependant comme d'une guigne au motif qu'ils sont responsables – eux, et non leur ministre – du prévenu s'il vient à s'échapper ou, pire, à se suicider. Je peux cependant vous assurer que c'est toujours une décision difficile de passer les menottes à un père de famille devant ses enfants ou à un chef d'entreprise devant ses employés – même si, par pudeur, l'on met toujours un pull-over ou un imperméable par dessus les « pinces » pour les dissimuler.

- XII -

Ce n'est pas un métier facile…

Le moment de l'interrogatoire est toujours déterminant. Il faut laisser le suspect parler, ne surtout pas l'influencer… Il va mentir puis s'enferrer – c'est alors qu'on le mettra devant ses contradictions. À l'exception des tueurs professionnels, peu diserts, chacun finit par se contredire à un moment ou à un autre. Il importe de créer un climat de confiance avec la personne que vous interrogez ; non pas un climat artificiel, mais un climat empreint de sincérité. Il faut cependant rester sur ses gardes… Je l'ai appris à mes dépens.

Après une soirée d'interrogatoire, alors que le meurtrier vient de soulager sa conscience, je lui propose, pour l'apaiser, un café ou un whisky. Il opte pour le whisky ; je le sers et m'en verse un également – je suis exténué…

Quelques mois plus tard, devant la Cour d'assises, il interpelle le président en ces termes :

– Les aveux que j'ai donnés m'ont été extorqués Monsieur le président. Le commissaire m'a fait boire.

Puis, se tournant vers moi :

– Monsieur le commissaire, jurez que ce n'est pas vrai, que vous ne m'avez pas fait boire de whisky…

Une erreur de débutant, j'en conviens. J'ai retenu la leçon.

Quand le suspect est vraiment réticent et que nous ne parvenons pas à trouver le ton juste avec lui, nous nous répartissons entre collègues les rôles du « gentil » et celui du « méchant » : certains craqueront devant le méchant ; d'autres se confieront au gentil. C'est vieux comme le monde, mais cela reste prodigieusement efficace. Quant aux violences policières, il est évident qu'aucun flic n'est aujourd'hui assez stupide pour risquer de faire capoter une procédure en recourant à ce genre de procédé. J'affirme qu'en plus de dix années passées à la Crim', j'ai été le témoin d'une seule et unique paire de gifles – elle a été assénée par un procédurier fatigué à un jeune rouleur de mécaniques qui venait de le traiter de « fils de pute »… C'en est une de trop cependant, il ne me vient pas à l'idée de le contester.

Le cadre revêt une importance particulière aux yeux de certains suspects qui se laisseront piéger par « le coup de la moquette ». De quoi s'agit-il ? Lorsque le prévenu se montre par trop retors, l'une des techniques auxquelles peut recourir celui qui mène l'interrogatoire est de lui dire : « Venez, on va aller voir le patron ». Tous ceux que j'ai ainsi reçus se sont montrés impressionnés par le bureau que j'occupais, son côté solennel. Je m'adressais alors au prévenu sur un ton particulièrement courtois, je lui proposai aussi de prendre place dans un fauteuil – et « cela marchait » la plupart du temps. Nul n'est complètement insensible aux marques de considération que l'on peut lui prodiguer.

J'ai toujours respecté la parole donnée et fait suite aux engagements que j'avais pris dans le cadre de tractations. Sauf une fois… Je vais vous raconter comment cela s'est passé :

Une opération venait d'être menée contre des terroristes de l'Armée secrète de l'Arménie. Un couple avait été mis en garde-à-vue – ils étaient des amis des mis en cause et n'avaient, pour leur part, commis aucun acte criminel. Au terme d'un interrogatoire auquel prend part mon adjoint Jean Tchividjian, ils me confient qu'un commando vient de quitter Paris pour Marseille afin d'y commettre un attentat. Je négocie les précisions et détails nécessaires contre la promesse qu'ils ne seront pas inquiétés. À une heure du matin, je préviens Jean-Pierre Sanguy, alors patron de la PJ de Marseille. Et le commando se fait cueillir à l'arrivée du TGV. Je suis épuisé, je m'endors dans mon fauteuil. Puis j'appelle le juge. Et là, ses propos me glacent :

– Monsieur Riou, me dit-il, vos promesses n'engagent que vous. Vous me présentez ces gens-là et je les place sous mandat de dépôt. Voilà. C'est sans appel…

Je n'ai jamais été aussi malheureux. Malgré cela, la femme, au terme de sa détention, est venue quelques mois plus tard m'apporter des chocolats au bureau.

Les aveux ne sont plus depuis longtemps la reine des preuves. Même s'ils ne se révèlent pas indispensables, ils sont cependant utiles au suspect comme au policier. Ils permettent au premier, dans une certaine mesure, d'exorciser sa faute ; quant au second, il peut reconstituer dans son intégralité un puzzle dont certaines pièces auraient pu lui manquer. Bien évidemment, la quête de la vérité reste la première bénéficiaire des aveux consentis par l'auteur d'un crime.

Il faut savoir que lorsqu'un suspect est interpellé dans le cadre d'une affaire criminelle, c'est que celle-ci est déjà en passe d'être bouclée. Je ne comprends donc pas ceux qui sont hostiles à la présence d'un avocat à ce moment-là – cette réforme, qui capotera forcément du fait de l'absence de moyens, ne saurait en aucun cas gêner les flics de la Crim'. D'autant que le juge n'a pas besoin de preuves mais d'être en mesure de forger sa conviction. Celle-ci reposera sur des indices graves et concordants…

Souvent une dénégation contre l'évidence est plus parlante que des aveux hésitants. Puis, vient le moment où ceux-ci sont enfin formulés avec sincérité… Cette étape est toujours chargée d'une grande intensité émotionnelle et, en général, c'est la nuit qui se prête le mieux aux confidences et à la contrition. Au moment où il se confie, le suspect sait que sa vie va basculer. Je n'ai jamais éprouvé de haine à l'encontre d'un meurtrier qui explique son cheminement, qui demande à être écouté et, surtout, à être compris. Je ne mets rien de personnel dans ma démarche, jamais. Je fais simplement le nécessaire afin que cet individu ne soit plus en état de nuire à quiconque. Cependant, une fois, dans le courant des années soixante-dix, les choses ont été différentes. Un couple avait été assassiné dans des conditions particulièrement épouvantables : le meurtrier avait abattu la femme puis traîné le mari de celle-ci dans le jardin, où il l'avait fait agenouiller et exécuté sous les yeux de leur gamin. J'avais devant moi ce meurtrier. Il reconnaissait les faits. Je le vois encore en train de ricaner. Je l'entends encore me narguer... Il n'avait pas l'ombre d'un remords. Je crois que j'aurais volontiers accepté d'être son bourreau. Il a été jugé et condamné à mort par la cour d'assises de Créteil pour ce double meurtre ; ce fut, je crois, l'un des derniers condamnés à la peine capitale. La loi du 6 octobre 1981 lui a sauvé la vie.

Parfois, un criminel avoue les faits dont il s'est rendu coupable mais refuse de déposer. Ou alors, il se rétracte...

Un voyou, un tueur sans états d'âme, m'a ainsi confié un jour : « Oui, je suis bien l'auteur de ce crime. Je vais te dire comment les choses se sont passées, mais seulement pour ton information personnelle. Si tu écris quoi que ce soit, je nierai toujours et en toutes circonstances avoir tenu ces propos… »

Un autre, suspect principal d'une affaire que je ne peux encore aujourd'hui évoquer dans les détails, avait commencé à avouer sous l'effet de la fatigue. Puis il s'était repris pour m'avertir : « Vous avez failli m'avoir, Monsieur le Commissaire. De toute façon, si vous écrivez quoi que ce soit, je nierai tout en bloc… »

Dans les deux cas, j'ai consulté des magistrats qui m'ont affirmé que mon témoignage contre celui de ces voyous – dans la mesure où ils seraient fatalement assistés d'un bon avocat – ne valait pas grand-chose devant une Cour d'assises.

Cela permet de comprendre les tenants et les aboutissants d'une affaire – cependant, vous vous sentez particulièrement amer…

Dans un appartement ou une maison, toutes les caches possibles et imaginables sont connues de nous : du vide-ordures à la chasse d'eau, en passant par le dessous des tiroirs, celui des tapis, les faux plafonds, les livres de la bibliothèque, ou encore le réfrigérateur et la cave – j'en oublie certainement… En cas de perquisition, donc, autant le savoir, il n'est rien qui nous échappe. Même s'il a été « nettoyé », le disque dur d'un ordinateur restera un excellent allié de nos services dans la mesure où les fichiers effacés feront à nouveau surface, grâce au savoir-faire d'enquêteurs spécialisés. Et puis la présence du suspect se révèle d'un grand secours dans le cadre d'une « perquise » : s'il n'est pas trahi par sa transpiration, il suffira de suivre la direction de son regard – c'est un réflexe, personne ne peut y échapper, ses yeux s'orienteront d'emblée dans la direction où il craindra de nous voir effectuer nos recherches. La dernière perquisition que j'ai faite avec la Crim' remonte à 1992 ; elle s'est déroulée Cité des Bosquets, à Montfermeil. Les voyous avaient alors pour habitude de lâcher des machines à laver ou des réfrigérateurs sur les intervenants. Quand les voitures arrivaient sur place, elles nous déposaient aussi rapidement que possible devant les entrées d'immeubles puis repartaient aussitôt. Cette anecdote, uniquement pour rappeler que certaines banlieues étaient déjà à l'époque une totale zone de non droit…

Mon premier contact avec le terrorisme a eu lieu en 1978 – il était surtout, à l'époque, le fait des services secrets, et notamment les services secrets de l'Est. Les Soviétiques avaient mis au point un procédé que la presse a eu tôt fait de baptiser le « parapluie bulgare »… Le principe en était simple : la victime était empoisonnée à l'aide d'une infime quantité de ricine contenue dans une bille creuse, tirée dans le mollet depuis l'extrémité d'un parapluie. Cette technique fut expérimentée sans succès sur notre sol en septembre 1978 : la « cible », un journaliste bulgare dissident du nom de Vladimir Kostov, réfugié en France, survécut à cette tentative d'assassinat – quinze jours plus tard, à Londres, sans doute le procédé fut-il amélioré entre-temps, car l'écrivain et dissident Georgi Makarov eut moins de chance… J'étais alors un jeune commissaire de trente-deux ans et je m'escrimais à dénouer les tenants et aboutissants de cette affaire sous le regard amusé de mes collègues. Tous savaient fort bien quelle partie se jouait en coulisses et que personne n'avait vraiment envie de voir les coupables arrêtés. Diverses expériences de ce type m'ont fait éprouver un sentiment d'impuissance pour le moins obsédant à l'époque. Il en a été de même lorsque le Mossad est venu régler ses comptes sur le sol de la capitale, dans le cadre de ce qu'on appelait alors pudiquement « La vengeance de Munich ». Lorsque j'arrivais sur place et constatais que l'exécution avait été assurée par un professionnel, comme par hasard, l'un de mes collègues de la DST était sur les lieux alors qu'il n'avait rien à y faire – « Bonsoir Patrick, ça va ? » –, je comprenais qu'il allait être particulièrement difficile de rechercher sereinement la manifestation de la vérité. D'autant qu'à la Crim' nous étions au faîte des motivations des exécutants. Je me souviens de cas extrêmes et, plus particulièrement, du jour où – accompagnant Pierre Ottavioli à l'aéroport d'Orly pour y interpeller les membres d'un commando responsable de l'assassinat d'un Palestinien – l'accès à la salle d'embarquement d'El Al nous a été interdit par des membres du Mossad. Je parle d'une interdiction « physique ». Elle n'a pas été de longue durée ; quelques minutes à peine. Puis, quelqu'un nous a dit avec un grand sourire : « Allez-y, vous pouvez passer… L'avion vient juste de décoller. Nous sommes désolés. »

Même si rien ne nous échappait, nous devions nous contenter de compter les points. Il allait en être de même lors d'assassinats commandités par les services secrets français et exécutés par leurs séides à Paris intra muros – qu'il me soit pardonné de ne pas en dire plus ici.

Quelques rares fois, il arrive cependant que la chance vienne à nous sourire… Le 7 août 1991, Shapour Bakhtiar, ex Premier ministre du Shah d'Iran, est poignardé à treize reprise puis égorgé dans sa villa de Suresnes – l'opération a été téléguidée par les services secrets iraniens. La police française, pourtant chargée de sa protection, a laissé le commando s'enfuir et elle ne découvrira le corps que deux jours plus tard !

Jean Pierre Birot, mon adjoint, m'accompagne bientôt dans cette enquête. Quant à la réaction des services de renseignements français, elle ne se fait pas attendre… Parce que le chef du commando, Ali Vakili Rad, ne parle pas un mot de français, il se fait repérer puis cueillir à l'aéroport de Genève, où il est en transit pour Téhéran – les Suisses, eux aussi, savent se montrer réactifs. Immédiatement extradé et inculpé par le juge Bruguière, notre homme sera condamné à la réclusion criminelle à perpétuité. Avant d'être élargi en mai 2010 ; telle est la contrepartie de la libération de Clotilde Reiss, l'étudiante française retenue en Iran au terme de simulacres de procès... Cynisme des politiques qui s'étranglaient d'émotion vingt ans plus tôt !

Le terrorisme revêt des formes très diverses et il en va de même pour ce qui concerne le professionnalisme de ceux qui ont choisi cette voie. J'ai surtout été appelé à travailler sur le terrorisme arménien, arabe et celui de l'ultragauche... Je retiens néanmoins que, sorti de son île, le terroriste corse est comme un poisson hors de l'eau – raison pour laquelle il ne se hasarde pas en métropole ; et que les commandos basques de l'ETA figurent parmi les plus dangereux – même si, eux aussi, évitent de sévir en région parisienne...

Toutes ces enquêtes sont particulièrement difficiles car il n'existe aucun lien entre ceux qui commettent l'acte et ceux qui en sont les victimes. Trouver des traces et des indices est plutôt rare ; et lorsque vous y parvenez, vous vous heurtez à la raison d'État...

Qui sont ces terroristes ? Certaines personnalités m'ont particulièrement marqué ; parmi elles, les femmes de la « Bande à Baader » ou les égéries d'Action Directe – à savoir, Joëlle Aubron et Nathalie Ménigon. Toutes des furies prêtes à mordre avec lesquelles aucune communication n'était possible, tant elles exprimaient leur haine en vous fixant, en crachant, en vociférant. Ménigon, entravée en permanence, tentera un jour de se suicider en essayant d'enjamber la balustrade pour aller s'écraser dans l'antichambre du directeur. Grâce à elle, nous obtiendrons l'installation d'un filet – faute de mieux…

Le contact avec des hommes comme Georges Ibrahim Abdallah, chef des FARL, les Fractions Armées Révolutionnaires Libanaises, ou les échanges que j'ai pu avoir avec Jean Marc Rouillan, m'ont, en revanche, beaucoup plus intrigué. Bien qu'ils fussent, l'un comme l'autre, de véritables tueurs froids, ils n'étaient pas même antipathiques et s'entretenaient volontiers avec vous. Et je puis dire que leur raisonnement, pour orienté qu'il fût, restait « logique ». Le premier vous expliquait, par exemple, que son devoir était de se battre contre l'envahisseur sioniste et son allié américain comme nous l'avons fait contre les Allemands ; le second avait pour objectif de démontrer que le capitalisme « c'est l'ennemi ». Partant, tous les moyens, et même l'assassinat, étaient légitimes. J'étais convaincu de leur bonne foi, je ne l'ai jamais remise en doute.

Les terroristes corses, eux, m'ont toujours semblé moins intéressants. Ce sont, en général, des personnages peu réfléchis ; ils sont en outre manipulés, instrumentalisés par les clans et les familles qui, eux, ne se salissent jamais les mains.

J'ai toujours été impressionné par le courage, le professionnalisme, la gentillesse des ingénieurs et techniciens du laboratoire central. Ils nous accompagnaient sur toutes les affaires d'attentats et c'est avec eux que, d'emblée, nous échangions nos premières impressions. Le 21 août 1982, j'ai été témoin d'un drame qui restera inscrit dans ma mémoire à tout jamais. Ce jour-là, vers midi et demie, nous apprenons qu'une bombe a été déposée par la FARL, la Fraction armée révolutionnaire libanaise, sous la voiture de Monsieur Grant, attaché commercial de l'Ambassade des États-Unis à Paris. Elle explose au moment où les artificiers du laboratoire central de la Préfecture de police, à peine arrivés, tentent de la désamorcer. Bernard Ledreau est déchiqueté sous mes yeux et meurt au terme de longs instants. Son corps mutilé qui respirait encore me hante toujours. Son collègue, monsieur Mauron, aura, lui, les deux jambes arrachées. Qui parmi les flics ou le public pense encore à eux aujourd'hui ? Je leur devais ces quelques lignes… *In memoriam*.

Je garde aussi en mémoire le calme et l'humour de Claude Calisti, directeur du service des explosifs, alors qu'il désamorçait une bombe en pleine nuit sur les Champs-Élysées. Lorsque le capitaine des pompiers s'est approché de lui pour savoir s'il devait ou non faire avancer l'ambulance, Calisti lui a répondu avec un grand sourire : « Non, pas la peine : préparez plutôt du papier buvard pour éponger le sang sur le trottoir si ce machin-là vient à péter… » Son expertise est toujours reconnue de par le monde – et nous sommes restés des amis.

Son premier avis comme celui de Jean Luc Géronimi nous était extraordinairement précieux. Selon la nature de l'explosif – C4 tchèque, militaire, dynamite industrielle, poudre noire ou chlorate de soude – l'enquête allait prendre une direction différente… L'explosif militaire signe l'action des services secrets ou de très grands professionnels ; la dynamite est la marque des Corses ou des Basques ; la bombe artisanale désigne l'anarchiste paumé ou le malade mental. J'ai d'ailleurs un jour été troublé de constater que l'on pouvait, dans un seul et même grand magasin, acheter tous les éléments nécessaires à la fabrication d'une bombe, la confectionner dans les toilettes et la laisser sur place…

Le dispositif de mise à feu est tout aussi révélateur que la nature de l'explosif : détonateur, tête d'allume gaz, mèche, télécommande ou « coupatant » de cuisine, chacun de ces procédés est une signature et révèle le niveau de professionnalisme des poseurs de bombe. La présence de clous indique l'intention de susciter la terreur ; la faible quantité d'explosif celle d'intimider : « On va lui mettre cent grammes pour cette fois », dira le racketteur corse.

En matière de terrorisme, et notamment pour ce qui concerne Action Directe, personne, au début, ne comprenait rien à ces affaires complètement atypiques. Se mélangeaient alors des actions violentes, des attentats aux revendications opaques, des vols à main armée dits « de subsistance » ; puis viendront, plus tard, des assassinats dont les victimes – le général Audran, Georges Besse, le P.-DG de Renault – ne pouvaient pas apparaître d'emblée comme la résultante d'un choix cohérent. L'absence de logique apparente et de lien entre tous ces évènements désarçonnait le flic traditionnel que j'étais. Le premier qui soit parvenu à vraiment « sentir » le problème, est Jean-Pierre Pochon, alors commissaire aux RG. Il a longtemps été le seul à appréhender ce qui prenait forme. Il a alerté la hiérarchie, pris les bonnes initiatives et, après avoir cerné la personnalité de l'adversaire, il a commencé à l'infiltrer. Jean-Pierre Pochon a été pour moi un interlocuteur écouté et respecté. Il était, à mes yeux, l'un des meilleurs spécialistes du renseignement et, contrairement aux autres, il ne parlait que lorsqu'il avait quelque chose à dire…

Le jour où le préfet de police m'a proposé une protection, ainsi qu'à mon adjoint Jean Tchividjian – les membres d'Action Directe voulaient alors nous enlever aux fins d'un échange avec certains des leurs –, je dois dire que j'ai passé une mauvaise soirée. Bien évidemment, Jean comme moi avons refusé cette protection. On n'avait encore jamais vu des flics protéger d'autres flics. Le soir, je regagnais mon domicile avec mon revolver entre les deux sièges de la voiture et je changeais régulièrement d'itinéraire. Cela ne servait certainement pas à grand-chose compte tenu de la détermination de Jean-Marc Rouillan – mais cela avait au moins pour effet de me rassurer. Un jour, Rouillan m'avait dit lors d'une audition :

– Quand on veut quelqu'un, on prend notre temps – il parlait de Georges Besse, abattu après des jours et des jours de surveillance – et on finit toujours par l'avoir… Aujourd'hui, les flics ne sont pas notre objectif, mais le jour venu, si je veux, je te mettrai deux balles dans les genoux.

Délicat d'expliquer à ma femme ce qui pouvait me rendre soucieux. Ou après avoir enlevé l'étiquette de l'interphone, d'indiquer à mon fils, alors âgé de dix ans, la raison de ce choix. Ce n'est pas un métier facile. Et vous ne pouvez imaginer combien se sentir menacé va changer votre façon de vivre une journée…

- XIII -

D'Action Directe à Orwell...

Entre 1979 et 1987, les membres d'Action Directe vont revendiquer plus de quatre-vingts braquages, attentats ou assassinats commis sur le sol français. Jean-Marc Rouillan et Nathalie Ménigon, « les fiancés du terrorisme » fondateurs de ce groupuscule de l'ultragauche, l'un et l'autre emprisonnés puis amnistiés par la grâce du gouvernement Mauroy en 1981, sont rejoints par Joëlle Aubron et Régis Schleicher ; ils tentent alors d'internationaliser la lutte qu'ils ont entamée de longue date contre les « suppôts du capitalisme ». Le 31 mai 1983, activistes français et italiens quittent une planque proche de l'avenue Trudaine, à Paris, dans le IXe arrondissement. Survient un contrôle de routine qui vire bientôt au bain de sang. Deux gardiens de la paix – Claude Caïola et Émile Gondry – sont tués, deux autres sont blessés. Il y a des dizaines de douilles tirées par trois armes différentes qui jonchent le sol et, fait qui va particulièrement nous intriguer, des témoins visuels font état d'une jeune femme tirant au pistolet : voilà qui n'était pas sans évoquer les Brigades Rouges italiennes. Mais pour être franc, on ne comprenait pas alors grand-chose aux circonstances qui entouraient cette fusillade. Nous étions impressionnés par la détermination dont le groupe avait fait preuve et, tous autant que nous étions, nous faisions de cette affaire une « affaire personnelle » – et elle allait, pour ce qui me concerne, devenir celle qui marquerait le plus ma carrière…

L'émotion était immense dans le public comme dans les rangs de la Maison. Avec les collègues, donc, on ne parlait plus que de cela – tout le temps. Qui pouvait bien être cette femme qui avait fait feu avec un tel sang-froid ?

Et puis, les 10 août et 28 septembre 1983, nous allons recevoir deux lettres anonymes. L'une d'entre elles nous suggère de porter notre attention sur « Blond-blond, la juive terroriste d'Action Directe qui habite chez Dan Franck » – Dan Franck est un romancier et scénariste qui recevra le prix Renaudot quelques années plus tard…

C'est alors le début de planques et de filatures interminables – elles ne nous enseignent qu'une seule chose : les intéressés se montrent extrêmement méfiants. Ils ont recours à des codes pour communiquer entre eux… Ce qui, bien évidemment, renforce l'intérêt que nous leur portons. Plus de 280 000 photos sont présentées aux témoins et « Blond-blond » est bientôt identifiée comme étant Frédérique Germain – et ce, après un travail titanesque orchestré par Jean-Claude Hildebrandt, chef de groupe saisi du dossier. C'est une jeune femme issue d'une famille on ne peut plus bourgeoise du XVIe arrondissement parisien ; elle affirmera « avoir flirté avec le terrorisme parce que tombée amoureuse de Claude Halfen ». Docteur en droit, conseil juridique d'une firme pétrolière, Frédérique Germain nous sera d'un grand secours et cette collaboration lui vaudra une peine avec sursis à l'issue du procès mené contre Action Directe en 1988. C'est grâce à cette « repentie » que nous apprendrons l'aspect fortuit de l'épisode meurtrier de l'avenue Trudaine ainsi que les démarches entreprises par AD de l'autre côté des Alpes. Bientôt, nous interpellons Bruno Bertelli. Il va se montrer bavard lui aussi et nous permettra d'identifier Mohand Hamami – lequel avait pris part au mitraillage de l'ambassade israélienne à Paris en 1982 ; puis c'est Régis Schleicher qui va tomber : nous l'arrêterons à Avignon le 10 mars 1984. Nous suivons également pas à pas l'icône d'AD, Helyette Besse, dite « la Mama » : c'est elle qui nous conduira partout…

Claude et Nicolas Halfen seront à leur tour interpellés, à Paris. Dans cette affaire, la complémentarité avec la BRI aura pleinement fonctionné…

Vient le moment où les membres d'Action Directe doivent répondre de leurs actes devant une Cour d'assises. Les jurés ont peur : les uns après les autres, les voilà atteints de quelque maladie et dans l'impossibilité d'être présents le jour du procès. Ils se font porter pâles les uns après les autres. Du coup, le procès d'AD se déroulera dans des conditions on ne peut plus spéciales puisque la Cour sera exclusivement composée de magistrats à la suite de dispositions prises dans l'urgence. Le président Versini conduit les débats avec une assurance incroyable. Seigneur entre tous, il est l'un des présidents de Cour d'assises qui m'ait le plus impressionné. Les menaces des accusés dans leur box – alors que j'entre dans la salle des audiences puis à chaque fois que le président baisse la tête – ne m'impressionnent pas un seul instant. Elles sont pourtant sans ambiguité puisque certains n'hésitent pas à me fixer en se passant la main sur la gorge. Je dépose durant plus de deux heures et je fais face au feu roulant des questions posées par les avocats. En disant simplement ma vérité. La condamnation des coupables nous donnera, à mes collègues et à moi-même, la satisfaction du devoir accompli. Je tiens à souligner le rôle déterminant de Jean Tchividjian et de Jean-Claude Hildebrandt : par leur obstination, ils ont été les artisans de cette réussite. Nul ne peut imaginer le travail souvent obscur qu'ils ont pu faire. Pour ma part, si je n'avais dû de toute ma carrière mener qu'une seule affaire jusqu'à son terme, j'aurais été heureux que ce fût celle-ci. Nous étions partis de rien et notre travail avait payé. Nos collègues n'étaient pas morts sans avoir été vengés.

Le 15 juillet 1983, à 14 h 11, une bombe explose près des bureaux de la compagnie Turkish Airlines à l'aéroport d'Orly. Le souffle est d'une violence extrême : au milieu des décombres, des gravats et des fils électriques à même le sol, il y a des corps déchiquetés ou en partie calcinés – plus d'une centaine de personnes se trouvaient à proximité du comptoir afin de procéder aux formalités d'embarquement. Bientôt, l'attentat est revendiqué par l'ASALA, l'Armée secrète arménienne de libération de l'Arménie. Deux Turcs, quatre Français, un Américain et un Suédois ont trouvé la mort ; les secours recensent une soixantaine de blessés, dont certains dans un état très grave. Ils sont évacués par hélicoptère vers les hôpitaux de Créteil, Villeneuve-Saint-Georges et Clamart. Pour resituer l'affaire dans son contexte, Pierre Mauroy est alors Premier ministre et Joseph Franceschi occupe les fonctions de secrétaire d'État à la sécurité publique…

Cette affaire est tristement banale mais je garde en mémoire la mobilisation spontanée des hommes du 36 qui, sans avoir été appelés, se présentent pour nous prêter main forte ; ils arrivent par leurs propres moyens, y compris ceux qui se trouvaient en train de savourer leurs vacances estivales. « l'esprit PJ », c'est ça. Nous nous réunissons salle Bertlillon pour un *briefing* avant le lever du jour.

Les auteurs de l'attentat, membres de ce mouvement d'obédience marxiste-léniniste visant les intérêts turcs en Turquie et en Europe – il a été créé en 1975 par Hagop Hagopian, ancien compagnon d'armes de Carlos –, sont bientôt identifiés et arrêtés, en grande partie grâce aux éléments transmis par les services du renseignement : nous procédons à une douzaine d'interpellations. Trois membres de l'ASALA, Varoujan Garbidian, Ohannes Semerci et Soner Nayir seront jugés par la Cour d'assises de Créteil en 1988 et condamnés à des peines diverses – respectivement, la détention à perpétuité, quinze et dix ans…

Mission accomplie. Quelle solidarité, quel esprit d'équipe j'ai pu observer à cette occasion !

Juillet 1986. Je traverse le Pont-Neuf à pied, c'est le début de l'après-midi, je reviens de je ne sais où. Il fait beau. Et puis une explosion, le bruit d'une bombe à l'évidence, m'arrache à mes pensées. Elle provient du quai de Gévres. Une poignée de secondes s'écoulent, puis mon « bipper » me signale un appel de l'état-major… En quelques minutes, me voilà sur place, bientôt rejoint par l'ensemble de mes collègues. L'inspecteur divisionnaire Marcel Basdevant est là devant moi, il gît dans son sang. Il vient de mourir… Ou il est sur le point de mourir – je ne sais pas, difficile à dire. Quatre policiers encore sont grièvement blessés et une vingtaine d'autres personnes sont atteintes à des degrés moindres… C'est une première : les locaux de la BRB, la Brigade de répression du banditisme, viennent d'être la cible d'un attentat…

Aujourd'hui encore, il m'arrive de penser à Marcel Basdevant ; je dirais même, pour être précis, que cela m'arrive encore souvent. C'est lui qui m'avait accueilli en stage à la BRB quelques années auparavant – Marcel était un seigneur d'une autre époque. Son fils a repris le flambeau, et c'est lui qui, plus tard, arrêtera Guy Georges, « Le tueur de l'Est parisien »…

Durant des années, les responsables dits « de niveau intermédiaire » de l'UCLAT – l'Unité de coordination de la lutte antiterroriste – se sont réunis hebdomadairement ; c'était l'occasion de vastes parties de « poker menteur » durant lesquelles on parlait de tout sauf de ce qui pouvait être vraiment important. Parfois, dans le meilleur des cas, les choses essentielles étaient évoquées dans les couloirs. Un jour, le ministre a compris que pour être légitime, une instance de ce type se devait d'avoir un chef reconnu à sa tête, et il a nommé François Le Moël – flic talentueux, ancien directeur du 36, apprécié à la PJ comme ailleurs, breton comme moi : donc, presque parfait. Il a mis au point une technique de travail assez simple : il s'agissait de prendre la liste des auteurs possibles d'un attentat, de dépoussiérer les vieux dossiers et de déterminer ce qu'il était advenu de chacun… Un travail de bénédictin. C'était long et fastidieux, mais aussi très efficace. Celui qui était devenu un bon citoyen et un bon père de famille, avec des gosses à l'école et *tutti quanti* ne nous intéressait pas ; en revanche, celui qui, sans avoir passé l'arme à gauche, ne payait pas d'impôts, n'avait pas de domicile connu, de compte bancaire ou de carte de crédit, pas de remboursements en provenance de la Sécurité sociale et pas de ligne téléphonique… Nous étions légitimement en droit de penser qu'il était entré dans la clandestinité. Et donc, à ce titre, il devenait intéressant.

C'est ainsi que Maxime Frérot – soldat perdu d'Action Directe qui avait rejoint la branche lyonnaise dite de « l'Affiche Rouge, meurtrier en 1984 du général de gendarmerie Guy Delfosse – a été identifié. Il sera arrêté, un peu par hasard, en 1987 alors qu'il projetait de commettre un attentat à Paris : il avait entreposé onze kilos d'explosifs dans un faux-plafond de la Tour Montparnasse. Plus tard, il nous indiquera que s'il avait choisi la BRB comme objectif, c'est uniquement parce qu'il y avait, depuis peu d'ailleurs, un contrôle policier à l'entrée du 36 – et qu'il avait alors rebroussé chemin. Condamné à la détention perpétuelle en 1989, Maxime Frérot, considéré comme « l'artificier » d'Action Directe bien qu'il affichât sa dissidence, a recouvré la liberté en juin 2010. Jean-Marc Rouillan, lui, bénéficie à nouveau d'un régime de semi-liberté à Marseille depuis le 18 mai 2011. Les membres du noyau originel d'AD sont tous aujourd'hui libres de leurs mouvements…

À l'exception des morts, bien évidemment.

De tous les attentats sur lesquels j'ai été appelé à enquêter lors de mon passage à la Crim', c'est celui de la rue de Rennes, survenu à Paris le 17 septembre 1986, devant le magasin Tati, qui m'a le plus marqué. Sur place, j'ai eu l'impression d'évoluer comme un somnambule à l'intérieur d'un cauchemar… Des blessés partout, une soixantaine peut-être… Les services médicaux d'urgence ont monté trois tentes : celle des morts – au nombre de sept –, celle des mourants, et celle dédiée aux personnes pour qui il est encore possible de tenter quelque chose. C'est le chaos. Ballet des hélicoptères au-dessus de Paris, ambulances qui foncent sirène hurlante, des motards leur ouvrent la route. C'est la fin de l'après-midi, presque le début de la soirée. Elle s'annonçait belle. Et me voilà au beau milieu de l'apocalypse… Devant moi, un sapeur-pompier ramasse la jambe d'une jeune femme dans le caniveau et la place sur son ventre, dans la civière qui l'emporte. J'observe tout cela. Jusqu'au moment où je suis pris de tremblements. Pendant un bon quart d'heure, je suis incapable de faire quoi que ce soit. Je suis sous le choc. Je ne dis plus rien. Et je me demande alors quelle peut bien être mon utilité…

Revendiqué par un « Comité de solidarité avec les prisonniers politiques arabes et du Proche-Orient » – derrière lequel se dissimulait le Hezbollah –, cet attentat sera le dernier et le plus meurtrier d'une série de treize ; le premier avait été fomenté en 1985. Le carnage de la rue de Rennes visait à obtenir la libération de Georges Ibrahim Abdallah, chef présumé des FARL (Fraction armée révolutionnaire libanaise), qui s'était vu condamné à finir ses jours dans une prison française. Quant à son auteur, Fouad Ali Saleh, né à Paris en 1957, auteur d'actes similaires sur notre sol, il sera condamné à la réclusion criminelle à perpétuité en 1992, assortie d'une peine de sûreté de dix-huit ans.

Se superposant au caractère abominable de cette pratique, il en est une autre que je n'ai pas évoquée – jamais ; aujourd'hui, je constate encore à quel point elle me répugne : nos toutes premières constatations ont révélé qu'avant l'arrivée des secours, plusieurs corps et plusieurs blessés ont été dépouillés, qui de son portefeuille, qui de son sac à main… Avec le service, nous avons décidé de garder cette information strictement confidentielle afin de ne pas démoraliser davantage une opinion publique déjà bouleversée. Trente-cinq ans après les faits, je reste incapable d'expliquer comment des êtres humains ou prétendus tels peuvent ainsi se comporter.

Le retour au service est d'anthologie et la soirée se passe en comptes rendus. Il faut aussi et surtout faire les constatations, aller entendre les blessés dans les hôpitaux, coordonner leurs auditions, recueillir les propos des témoins, prévenir les familles, assister aux autopsies, assister aux réunions de coordination… Une sacrée santé physique et surtout mentale est nécessaire pour mener tout cela de front. Reste maintenant à trouver un coupable. Il en faut un coûte que coûte : les politiques perdent littéralement la tête. Même un innocent ferait leur affaire – alors, ils en inventent un. Et ils envisagent de bombarder le Liban… C'est tout et n'importe quoi. Durant la nuit, je rentre à la maison embrasser mes enfants :

– Ça va papa ?

– Oui, dormez… Tout va bien.

À six heures du matin, je reçois un appel de Pierre Tourraine, mon directeur de l'époque. Je ne dors toujours pas. Il sait trouver les mots qui m'apaisent, ce sont ceux d'un homme sage.

Depuis mon départ de la Crim', les flics se sont adaptés aux nouvelles technologies et aux progrès de la science pour en tirer ce qui peut aider à la manifestation de la vérité. S'ils ont réussi cette mutation au détriment, parfois, de la prise d'initiatives, ils ont cependant conservé cet esprit d'équipe qui les caractérise, ainsi que le sens de l'honneur et du service public. Je constate souvent avec satisfaction que le goût de l'immédiateté et celui du médiatique à tout prix ne sont pas à l'ordre de leurs préoccupations premières. Qu'ils prennent garde cependant à ces nuages qui obscurcissent l'horizon... La rigueur du droit administratif prend le pas sur une gestion jusqu'alors « humaine » des fonctionnaires de la police judiciaire. Plus de cooptation telle que je l'évoquais au début de cet ouvrage, et plus de souplesse en matière de recrutement. Il devient également impossible de se séparer de ceux dont on s'aperçoit qu'ils figurent parmi les éléments les moins bons. Le système s'est grippé.

Force est de constater aussi que plus aucun flic ne fait cadeau d'une heure supplémentaire à l'administration. Par ailleurs, la peur de mal faire, le principe de précaution et, parfois, une certaine propension à la facilité incitent l'enquêteur à ne plus sortir de son bureau : il croit être en mesure de verrouiller « scientifiquement » toutes les hypothèses. C'est derrière l'écran de son ordinateur qu'il va effectuer surveillances et filatures, après avoir signé des réquisitions judiciaires aux opérateurs pour tracer les portables, analyser les relais téléphoniques, les GPS, les ordinateurs personnels et professionnels, les cartes bancaires, etc. C'est ainsi qu'il va suivre les suspects à la trace. Il est peu concerné par le coût astronomique que cela représente pour les deniers publics – pas plus du danger que tout cela génère s'il a affaire à quelqu'un d'un peu malin. Sur les scènes de crime, il saisit des dizaines d'objets pour rechercher des empreintes génétiques... Il y des malfaiteurs, on le sait, qui vont brouiller les cartes en laissant sur place des indices judicieusement choisis : ils appartiennent à d'autres. Voilà qui profite en premier lieu à quelques laboratoires privés ; d'une certaine façon, ils jouissent d'un quasi-monopole. J'avais été sidéré, lors de mes stages à la CIA comme au FBI, de constater qu'il n'existe pas, pour les enquêteurs américains, de salut en dehors du « *computer* »... Nous les suivons sur cette voie.

Je suis convaincu que viendra le jour où la police française connaîtra les contraintes des méthodes canadiennes ou néerlandaises, qu'une « enveloppe » sera attribuée pour chaque enquête. Demain, les auditions et les interrogatoires seront filmés en présence d'avocats dont on sait que la préoccupation première reste la défense des droits de l'homme. Aujourd'hui déjà, le pouvoir exécutif réclame sans vergogne des copies d'actes de procédure et interfère sur des enquêtes judiciaires. Le « secret de l'enquête » comme la « présomption d'innocence » ne sont plus que des mots.

Mon propos n'est pas de préférer le passé – et sa dimension humaine – au présent, plus froid, plus désincarné. Je souhaite simplement livrer ces éléments au lecteur afin de nourrir sa réflexion. Et l'amener à juger par lui-même.

Après avoir quitté la Crim' en 1992, je n'ai cessé de suivre – comme directeur, comme directeur central puis comme inspecteur général – les hommes qui forment les rangs de la police et leurs méthodes aussi : je suis fier d'avoir été des leurs. Voilà quelle a été ma vie professionnelle. Elle m'a sans doute vieilli prématurément tant j'y ai vu de souffrances, de mensonges et de lâchetés. J'y ai aussi rencontré des hommes au contact desquels ma personnalité s'est enrichie. Les épreuves rapprochent ceux qui affrontent les situations les plus difficiles, qu'ils soient officiers de police judiciaire au 36 ou gardiens de la paix dans le 93 – les liens qui se créent alors deviennent indéfectibles.

Aujourd'hui, je me dis qu'avoir été à la charnière entre la police de Maigret et celle d'Orwell – celle des nouvelles technologies – relève du hasard mais surtout de la chance : j'ai eu un aperçu de ces deux univers que tout oppose aujourd'hui. J'ai en outre eu l'opportunité de travailler sous les ordres d'hommes exceptionnels d'intelligence et dotés d'une vision – je pense en particulier à Pierre Joxe et à Jean-Pierre Chevènement. Leur élévation morale, leur sens de l'Etat et du bien public m'ont toujours guidé dans mes hésitations.

Lorsque l'heure de l'alternance politique a sonné, Nicolas Sarkozy – alors ministre de l'Intérieur – m'a convoqué. Pendant près d'une demi-heure, avec un tact et une courtoisie dont je lui sais encore gré aujourd'hui, il m'a expliqué qu'il devait, « pour des raisons politiques et alors qu'il n'avait rien à nous reprocher », changer tous ses directeurs. Comme à l'accoutumée, Claude Guéant prenait note sur un cahier de l'intégralité de l'entretien dont il était témoin. Rien de ce que j'ai entendu ce jour-là ne m'a cependant choqué. Les hauts fonctionnaires sont en effet nommés et révoqués à la discrétion du gouvernement.

Cet entretien à peine terminé, je me retrouvai dans le bureau de Bernard Squarcini, dit « Le Squale » – il était alors directeur adjoint des RG. Lui et moi nous connaissions depuis déjà vingt ans ; il m'a proposé de boire un whisky en sa compagnie, je l'ai trouvé infâme…

– Je sais, m'a-t-il dit, que tu aimes les randonnées en montagne : tu vas pouvoir en profiter longtemps.

Je lui ai répondu ce qu'il souhaitait entendre, sachant qu'il se hâterait d'en rendre compte… Dans la vie on est ce que l'on peut. Puis le rideau est tombé.

J'ai attendu ma retraite dans le placard doré de l'inspection générale de la police nationale, où se côtoie la plus forte densité de hauts fonctionnaires remerciés. Ils y écrivent des rapports souvent très intéressants. Malheureusement personne ne les lit.

Ma vie à la Crim' reste néanmoins la période la plus intense de toute ma carrière.

J'y ai connu des doutes, des peines et le plus mauvais côté de l'espèce humaine.

Mais surtout, j'y ai rencontré des hommes et des femmes d'une richesse et d'un sens moral incroyables.

Ils m'ont énormément appris.

C'est pour moi, aujourd'hui, l'occasion de les en remercier.

Pour vous tenir informé des prochaines publications
des Éditions Jacob-Duvernet,
contactez Louis de Mareuil :
louis.demareuil@editionsjd.com
01 42 22 63 65

ou rendez vous sur le site
www.editionsjd.com

Achevé d'imprimer en juin 2011
par CPI Bussière à Saint-Amand-Montrond (Cher)

ISBN : 978-2-84724-301-7
N° d'impression : 111766/1.
Dépôt légal : juin 2011.